AF874847

Die preußische Volksschule kein Kompromißgegenstand!

von

Dr. Hugo Böttger
M. d. R.

„Die Schule ist ein Politikum."
Maria Theresia.

Berlin 1904.
Druck und Verlag von Georg Reimer.

Inhalt.

I.

Der Streit.

Am 13. Mai 1904 ging in der preußischen Politik ein Blindgänger los. Ein höherer Beamter des Kultusministeriums — man sagt, er habe sich durch seine verwirrende Tat die Anwartschaft auf den Ministerposten erworben — konferiert vorher mit den Vertretern der konservativen Gruppen und der nationalliberalen Partei, zieht auch einen freisinnigen Politiker ins Vertrauen, das Zentrum erklärt später, über alle Dinge hinreichend unterrichtet gewesen zu sein, und dann plötzlich platzt in die ahnungslose öffentliche Meinung eine Granate hinein, welche eine große Panik anrichtet, schreckliche Wunden in das liberale Parteileben reißt und welche das feingegliederte Problem der preußischen Volksschulpolitik durch Niederstimmen der Minderheit des preußischen Abgeordnetenhauses zu lösen sich bemüht. Dieser Blindgänger ist das Schulkompromiß von den Herren Dr. Hackenberg (natl.), Dr. von Heydebrand und der Lasa (kons.) und Frhr. von Zedlitz und Neukirch (freikons.). Der Schulantrag verbindet Technisches mit Politischem, Pädagogisches mit Konfessionellem, Nützliches mit Unangenehmem, und diese unzweckmäßige und unzeitgemäße Verquickung ist sein Unglück und hoffentlich sein Untergang. Er besagt in seinen kritischen Bestandteilen (2a—c):

> In der Regel sollen die Schüler einer Schule derselben Konfession angehören und von Lehrern ihrer Konfessionen unterrichtet werden.
>
> Ausnahmen sind nur aus besonderen Gründen, insbesondere aus nationalen Rücksichten oder da, wo dies der historischen Entwicklung entspricht, zulässig. Lehrer, welche zur Erteilung des Religionsunterrichtes für konfessionelle Minoritäten von Schulen anderer Konfession angestellt sind, dürfen voll beschäftigt werden.
>
> Erreicht die Zahl der schulpflichtigen Kinder einer konfessionellen Minderheit eine angemessene Höhe, so hat diese Minderheit den Anspruch auf Einrichtung einer Schule ihrer Konfession.

Alles das bedeutet, daß die Konfessionsschule in Zukunft die Regel sein soll und daß Simultanschulen nur aus besonderen Gründen nationaler (im polnischen Sprachgebiet) oder geschichtlicher Natur (Hessen-Nassau, Frankfurt a. M.) geduldet werden sollen. Bei einer bestimmten Anzahl von schulpflichtigen Kindern einer konfessionellen Minderheit muß dieser Minderheit seine Konfessionsschule gewährt werden. Damit ist die Konfessionsschule also der feste Pivot und Richtpunkt der preußischen Schulpolitik; die Simultanschule wird außerhalb von Posen, West- und Ostpreußen und einigen historisch belasteten Provinzen zu den überwundenen Standpunkten gelegt.

Die Bekanntgabe der Absichten des konservativ-nationalliberalen Kartells rief im Lande eine an Empörung grenzende Verstimmung hervor und zwar besonders auch im nationalen und gemäßigt liberalen Lager. Der im preußischen Landtage veranstaltete Ruck nach rechts, der eine merkwürdige Ausführung der liberal gehaltenen Landtagswahlparole von 1903 war, ließ im Lande einen beträchtlichen Teil der gemäßigt liberalen Wähler mehr nach links Fühlung nehmen, das heißt: man rückte so weit voneinander, daß es fast zur Spaltung und zur gegenseitigen Entfremdung kam. Von dieser veränderten Situation gab die Wählerschaft und Presse, sowie die von taktischen und diplomatischen Erwägungen unabhängige Protestbewegung in der nationalliberalen Jugend ebenso beredten, wie unverfälschten Ausdruck. Nicht um alte Wunden aufzureißen, auch nicht mit der Tendenz, alte Parlamentarier und verdiente Politiker sozusagen zur Ordnung zu rufen, bringe ich alles das ins Gedächtnis zurück und schreibe ich diese Zeilen. Jene Politiker haben mutig ihren Mann im Sturm gestanden und sind unabhängig von Lob und Tadel der anderen. Ebensowenig aber werden sie hier Unfehlbarkeitsgelüste zeigen und Andersdenkende zum Schweigen nötigen wollen. Damit würden sie sich ja auf den Standpunkt Fontenelles stellen, der die Hand nicht hatte öffnen wollen und wenn er sie voll Wahrheiten gehabt hätte, weil eben das Volk ihrer nicht wert sei. Die Pflicht und die Notwendigkeit der offenen, gründlichen Aussprache besteht gegenüber dem Schulproblem im besonders hohen Maße, denn

1. sind die Fragen der Volksschule, durch die die große Mehrheit des Volkes Bildung, Wissen und Cha-

rakter erhält, keine politische Adiaphora, zu denen man sich bald so, bald so stellen kann;

2. ist in der Schulpolitik nach der Geschichte Preußens der Liberalismus zur unbedingten Einigkeit verpflichtet und es sind Kompromisse mit den Konservativen in den Schulfragen als so gefahrenreich zu betrachten, daß sie ohne dringendste Not nicht abgeschlossen werden sollten;

3. ist in der Schulpolitik nur diejenige politische und pädagogische Entwicklung zu dulden, bei der dem Volksnachwuchs ein Höchstmaß von Bildung, Kenntnissen und guten Charaktereigenschaften zugeführt wird;

4. sind die Begünstigungen klerikalisierender Bestrebungen, eine Verschärfung konfessioneller Gegensätze und Ansprüche, alle jene unfruchtbaren Machenschaften, um „dem Volke die Religion zu erhalten" und ihm damit eine politische und soziale Genügsamkeit inferiorster Art beizubringen, als Kulturhemmnisse zu verurteilen, bei denen der einzelne und die Nation als Ganzes Schaden erleidet;

5. vielmehr ist der Einfluß der Kirche und der Konfessionen auf die Schule auf dasjenige Maß zu reduzieren, das von den Pädagogen zur Charakterbildung des Kindes für notwendig und ausreichend erachtet wird.

Weil das konservativ-nationalliberale Kartell mit seinem Antrage keine Gewähr für eine liberale Schulpolitik im Sinne unserer Grundsätze bot, erhob sich in der Wählerschaft und in der nationalliberalen Presse die Stimme der Warnung und Ermahnung mit eindrucksvoller Kraft und Nachhaltigkeit und es muß nun untersucht und ausgetragen werden, ob sich die Fraktion oder die öffentliche

Meinung geirrt hat. Die „Kölnische Zeitung" nannte das Kompromiß eine verhängnisvolle Einigung, welche das Konfessionalitätsprinzip für die Volksschule im allgemeinen festlegt; wer aber in der Volksschule die Konfessionsschranken aufrichte, der brauche sich nicht wundern, wenn man in Verfolg dieses Beginnens auch an den höheren Schulen und Universitäten konfessionelle Scheidung verlangen wolle. Hier stoßen zwei Weltanschauungen zusammen, die schlechterdings unvereinbar sind und die es nicht ertragen, nebeneinander an dieselbe Deichsel gespannt zu werden. Sodann bemerkte die „Kölnische Zeitung": „Unsere rückwärts gerichtete Schulverwaltung, die auf dem Verwaltungswege Zedlitzsche Schulpolitik praktisch trieb und treibt, hat nachgerade in allen Gemütern des Westens eine Stimmung erzeugt, die ein Ende mit Schrecken dem Schrecken ohne Ende gegenüber als eine befreiende Tat begrüßen würde. Die Politik der diplomatischen Schachzüge findet hier darum kein Verständnis und keine Gegenliebe mehr; man will und wünscht so oder so reine Verhältnisse und klare Bahn." Die „Rheinisch-Westfäl. Zeitung" meinte, die Einigung sei auf Kosten des Liberalismus erfolgt, der gewinnende Teil werde allein das Zentrum sein, die Durchführung des Antrages die Kluft zwischen dem evangelischeu und katholischen Deutschland unüberbrückbar machen. Der „Mannheimer General-Anzeiger" tadelte die preußischen Nationalliberalen mit den schärfsten Worten, weil sie sich dazu hergegeben hätten, in unserer Zeit des reißend um sich greifenden Klerikalismus die konfessionellen Schranken innerhalb der preußischen Jugend noch tiefer zu fundamentieren, noch höher hinaufzuführen und der Simultanschule die Möglichkeit, in die Breite zu wachsen, vielleicht auf Menschenalter hinaus zu unterbinden. Der „Hamburgische Korrespondent“ erklärte, die Nationalliberalen hätten ohne Not das Prinzip der Simultanschule aufgegeben, ein Fehler, der sich in den Verhandlungen über das zu erwartende Schuldotationsgesetz kaum wieder gut machen ließe. Es sind hier Stimmen von Zeitungen des Liberalismus wiedergegeben, die im allgemeinen als gemäßigt gelten und mehr nach rechts als nach links neigen; die anderen dürfen wir übergehen, da sie durchweg dasselbe, nur mit größerer Erregung oder schärferer Betonung der Gegensätze der Auffassungen vorbringen.

Zur Verteidigung des Kompromisses wurde von nationalliberaler Seite gesagt, daß nach Erledigung des Lehrerbesoldungsgesetzes und des Reliktengesetzes die Regelung der Schulunterhaltung eine dringende Aufgabe der praktischen Politik sei, wobei das System der Hausvätergemeinde zu beseitigen, die Gutsbezirke zu den Lasten heranzuziehen und die Ungleichheiten in der Lehrerbesoldung durch allgemeine Schaffung leistungsfähiger Schulgemeinden aus der Welt zu bringen seien. Der Grundsatz, daß der Träger der Schullast die politische Gemeinde ist, sei durchzuführen. Bisher seien alle Versuche an dem Widerstande der Konservativen gescheitert, welche nur im Rahmen eines allgemeinen Volksschulgesetzes auf streng konfessioneller bezw. kirchlicher Grundlage die Schulunterhaltung regeln wollten. In der neuen Session 1904 hätten die Konservativen eine Schwenkung vollzogen, indem sie durch Dr. Irmer erklären ließen, daß sie die übrigen Punkte eines allgemeinen Volksschulgesetzes nicht mehr in das Gesetz einbezogen wissen wollten, sondern daß sie sich mit einem bloßen Schulunterhaltungsgesetz begnügten, daß sie aber gewisse Garantien verlangten, welche den konfessionellen Charakter der Schule sicherstellten, wenn eben die Schule von den Hausvätergemeinden auf die konfessionslosen Gemeinden überginge. Die Nationalliberalen des preußischen Abgeordnetenhauses sahen hierin einen Waffenstillstand, auf den sie dankbar und freudig eingehen konnten, denn was die Konservativen verlangten, die konfessionelle Schule, sei ja geltendes Recht mit einigen Durchbrechungen, die man als Ausnahmen zu betrachten habe. Die Konfessionsschule sei nach der Verfassung, nach dem Allgemeinen Landrecht und nach der tatsächlichen Praxis die Regel, die Simultanschule die Ausnahme und die Konservativen täten nach ihrer bisherigen Haltung ein Übriges, wenn sie überhaupt die Ausnahmen noch im Gesetz zuließen. Jetzt sei das weitere Bestehen der Simultanschulen nur auf dem schwankenden Grunde der Verwaltungspraxis ermöglicht, in Zukunft sollte es durch Gesetz gewährleistet werden. Der Abg. Friedberg bestritt alsbald im besonderen, daß man in der Volksschulpolitik ein einheitliches, unumstößliches Schulideal haben könne, und wenn man eines hätte, so meinte er, dürfte man es jedenfalls dem andern nicht aufdrängen. Die pädagogischen Vorzüge der Konfessionsschule würden von der Mehrheit der nationalliberalen Fraktion anerkannt, im übrigen habe sich die Partei in dieser Frage seit Goßler und Zedlitz nicht geändert. Das taktische Vorgehen der Fraktion erkläre sich weiter aus der Notwendigkeit, das Zentrum zu isolieren, Zentrum und Konservative auseinanderzubringen, und mit den Konservativen ein Schulunterhaltungsgesetz zustandezubringen; bei dem die Nationalliberalen freilich ihre Wünsche, ihre Ideale und Ziele nicht erreichen könnten, das aber doch im ganzen der Volksschule zu nützen vermöchte. Das Kartell sei nicht als ein dauerndes gedacht und fasse lediglich die eine Aufgabe der Regelung der Schulunterhaltung ins Auge.

Hierauf ist zu entgegnen und wurde entgegnet, daß die Dringlichkeit einer Regelung der Schulunterhaltung allgemein anerkannt wird. Da jedoch jetzt bereits ein Teil der Grundbesitzer, namentlich der Bauern durch die an vielen Orten geltende Praxis der ausschließlichen Heranziehung der Hausväter zu den Schullasten ohne Berücksichtigung der Forensen und der Gutsbezirke, sich in einer schlimmen Lage befinden, da andrerseits in der evangelischen Wählerschaft das Zusammengehen der Konservativen mit den Ultramontanen nahezu allgemein verurteilt wird — namentlich nach der gewaltsamen Regelung der Jesuitenfrage und der stillen Zulassung der marianischen Kongreationen —, so vermögen wir in der konservativen Kompromißneigung keinen zwingenden Grund zur Aufgabe liberaler Schulprinzipien zu erblicken. Den Bauern zuliebe müssen die Konservativen an eine vernünftige Schulunterhaltung denken und die Zentrumsverehrung wird ihnen von der Wählerschaft ausgetrieben. Die Schulunterhaltung läßt sich ohne Verquickung mit dem Konfessionsprinzip lösen, wie ja auch Lehrerbesoldung und Reliktenversorgung ohne allgemeines Schulgesetz erledigt worden sind. Da kann also von Opfern, die der Konservativismus dem Liberalismus im gegenwärtigen Augenblicke bringt, keine Rede sei; dem Liberalismus zeigt er auch diesmal kein Entgegenkommen; es sind lediglich seine eigenen Interessen, die ihn zum Anschluß an etwas modernere Zeitauffassung nötigen, oder, besser, die reaktionären Grundforderungen seiner Politik für den Augenblick zurückstellen lassen. Über die eigentliche Streitfrage, die sich um die staatsrechtliche, politische und pädagogische Bedeutung der Simultanschule dreht, wird im zweiten Teile dieser Abhandlungen noch ausführlicher gesprochen werden; hier sei nur bemerkt, daß die Anschauungen der nationalliberalen Wortführer über diesen Streitgegenstand durchweg einer objektiven und eindringenden Prüfung nicht standhalten können. Vielleicht äußert sich darin eine über das Ziel hinausgehende Bescheidenheit des Nationalliberalismus, wenn er einen Gewinn darin sieht, durch Gesetz den Konfessionalismus festzulegen, während er bisher durch die Willkür der Verwaltungspraxis sich kräftig entwickelt hatte, oder wenn er ein Schulideal mit allen Kautelen zu haben gestattet, aber nur davon im stillen Kämmerlein Gebrauch zu machen für opportun erachtet. Von führender nationalliberaler Seite ist in den Schulkämpfen bestritten worden, daß das Schulkompromiß angelegt und geeignet war, eine entente cordiale zwischen den sogenannten bürgerlichen Parteien von den Kreuzzeitungskonservativen über das Zentrum bis zur Richterschen Volkspartei für die nächste Politik in Preußen und im Reiche anzubahnen. Nur ad hoc, um die Schulunterhaltung unter Dach und Fach zu bringen, habe man sich unter Einwirkung des Herrn Ministerialdirektors von Schwartzkopf zusammengefunden und geeinigt. Die Versicherung dieser Führer in allen Ehren, ob sie aber in alle Winkel der Politik hineingeschaut haben, das muß doch fraglich erscheinen. Zudem sind die Verhältnisse oft stärker als die Menschen. Der Gang der Ereignisse und die lebhaften Meinungsäußerungen haben in der Tat dargetan, daß solche Kartellneigungen im starken Maße vorhanden waren und noch vorhanden sind. Sie haben aber auch klargelegt, daß ihre Verwirklichung in der Regel zu einer Verstärkung der konservativen und klerikalen Ansprüche führt, so daß dann freilich gegen die klerikal-konservative Versumpfung des Kartellgedankens sich schließlich der letzte Rest liberaler Unabhängigkeit aufbäumt. Facta loquuntur: die „Kreuz-Zeitung" schrieb unmittelbar nach dem 16. Juni 1903, dem Millionensieg der Sozialdemokratie, man müsse unter dem Drucke der Zeitverhältnisse den Kampf zwischen Wittenberg und Rom vertagen und der Mitunterzeichner des Schulantrages, Herr von Zedlitz und Neukirch, erklärte über den Antrag am 25. Mai 1904 im „Tag", nahezu berauscht von seinem Kartellerfolge beim Schulantrage: „Damit ist denn auch das am tiefsten trennende Moment zwischen Konservativen und Mittelparteien tatsächlich aus der praktischen Politik nahezu ausgeschaltet und auch der Gegensatz zwischen diesem und dem Zentrum wesentlich abgeschwächt. Die Parteien, welche im Reiche zur Unterstützung der nationalen Wirtschafts-, Heeres- und Flottenpolitik der Regierung zusammenwirken, haben sich nach den Wahlirrungen auch im Abgeordnetenhause wieder zusammengefunden." Hier wollte man also auf eine Mehrheitsbildung im Reiche und in Preußen nach dem Vorbilde der Zolltarifmehrheit zur Überwindung der Sozialdemokratie hinaus und in der Tat gruppierten sich die politischen Persönlichkeiten bei den Volksschuldebatten so, daß die sogenannten Scharfmacher in erster Linie in dem Kompromiß ein hocherfreuliches Ereignis der „Sammlung" sahen, die außerordentlich kritischen Rechts- und Kulturmomente darin liebenswürdig ignorierten, um womöglich tambours battant gegen den Sozialismus als den „inneren Feind" losgehen zu können.

Sicherlich ist die Überwindung des sozialen Radikalismus eine der ersten und wichtigsten Aufgaben unserer Zeit, das Ziel ist jedoch meines Erachtens nicht zu erreichen durch unnatürliche Parteibündnisse, bei denen einer geschlossenen, politischen Lebensanschauung eine verschwommene und haltlose Not- und Angstpolitik gegenübergestellt wird, auch nicht durch gewaltätige Entziehung von Volksrechten, die man durch ein Kompromiß mit dem Klerikalismus durchzusetzen hofft. Es ist vielmehr nur durch unermüdliche Reformarbeit, durch eine volkstümliche Politik zu erreichen, welche unser ganzes Staats-, Kultur-,

Schul- und Kirchenwesen zu durchdringen hat. Wer aber auch auf anderem Standpunkte steht und wer einer Verständigung der bürgerlichen Parteien zum Zwecke der Durchführung großer staatlicher, nationaler und sozialer Aufgaben das Wort redet — wofür wir bei der Ausscheidung scharfmacherischer Tendenzen ebenfalls eintreten — darf einen Ausgleich der Gegensätze nicht auf Kosten der freiheitlichen Entwicklung der Volksschule anstreben. Denn damit erreicht man das Gegenteil von Frieden und Verständigung. Je mehr man nämlich den Konfessionalismus begünstigt, je mehr man klerikalisierenden Neigungen die Zügel schießen läßt, desto stärker erheben sich in unserem Volks- und Parteileben die Gegenströmungen, desto schärfer macht sich die mit vielem Unerquicklichen und zerstörenden Nebenwirkungen verbundene Kulturkampfstimmung im Volke geltend. Desto größer wird die Gefahr der Zerklüftung im bürgerlichen Lager, der Verstärkung der radikalen Strömungen, des Abbröckelns liberaler Elemente zum Radikalismus. Das hat bisher noch jede Volksschulkrisis, noch jede lex Heintze, noch jedes Zuchthausgesetz bewiesen. Der Staat und die Gemeinde müssen Herren in der Schule bleiben und alle kirchlichen Übergriffe zurückweisen, dann haben wir Aussicht auf Frieden und günstige Entwicklung. Im innersten Kern liegt ja das Problem heute so, daß der moderne Staat in Preußen-Deutschland unbedingt zu einem erheblichen Teil liberal regiert werden muß, wenn er nicht in den Weltmarktskämpfen und in den Stürmen rascher technischer Fortschritte und sprunghafter sozialer Entwicklung in die Ecke gedrängt werden und unter den Schlitten geraten soll. Die Tücke des Objektes will es aber, daß die preußische Tradition mit ihrer Begünstigung von „Schwert und Weihwedel", von Feudalismus und Kirche, mit ihrem konservativ-kirchlichen Verwaltungsapparat zu dem Neu-Merkantilismus unserer Tage, zur freiheitlichen Weltanschauung, zum kommenden Genossenschafts-Kapitalismus, mit einem Worte zur Verabschiedung des Feudalismus und des Klerikalismus sich nicht zu stellen vermag. Das Gros der preußischen Verwaltung ist mit Adel und Hochkirchentum versippt und verschwägert und Art läßt nicht von Art, es wird fortwährend gebremst, obwohl es den Berg hinaufgeht. Darum die Unsicherheit und Unklarheit, wie in der Verkehrs-, Sozial- und Agrarpolitik so in der preußischen Schulpolitik, daher der Mangel an Willenskraft und Wagemut an allen Ecken und Enden der borussischen Staatskunst. Wo man der Herr sein sollte, ist man Fußball der Jesuiten der kurzen und langen Robe, der Scharfmacher und der Großgrundbesitzer mit den zugeknöpften Taschen. Man freut sich inzwischen in unseren Staatskanzleien an kleinen technischen Erfolgen und läßt den für die Zukunft notwendigen nationalen und freiheitlichen Geist vertrocknen.

Diese Momente waren es namentlich, die die jungliberale Bewegung als Hüterin des alten, nicht in Kompromissen sich erschöpfenden nationalen Liberalismus in Harnisch brachten: aber es erscheint mir als eine Übertreibung und zugleich als eine einseitige Einschätzung der Gegenkräfte gegen das Volksschulkompromiß, wenn man die weiteren

Entschließungen der nationalliberalen Partei in der Volksschulfrage den „Jungen" auf das Verdienst- oder Schuldkonto setzt. Ihr Verdienst soll nicht gekürzt werden, aber Tatsache ist doch, daß wer immer im Lande an der Schaffung der „abscheulichen Situation" — wie Dr. Sattler die Konstellation nach dem 13. Mai nannte — unbeteiligt und durch die fast einmütige öffentliche Meinung in der nationalliberalen Partei und Presse über die Gefahren des Kompromisses aufgeklärt war, gegen das Schulkompromiß Stellung nahm, sofern er die nationalliberale Partei nicht als eine vor dem roten Gespenst schlotternde, kartellsüchtige Mittelpartei auffaßte. Daß die Jugendvereine besonders temperamentvoll und vernehmlich das Kompromis ablehnten, liegt in dem Charakter dieser Vereinigungen begründet. Jugend ohne Temperament ist Wein ohne Geist und Blume. Wo immer man aber liberal empfand und die nationale Gefahr erkannte, welche der Volksschule drohte, da erhob man sich zum Einspruch und zur Abwehr, da erhoben sich die Jungen und die Alten.

So faßte am 31. Mai in Köln die unter dem Vorsitze eines Seniors der Partei, des Prof. Moldenhauer, tagende nationalliberale Versammlung, in der Dr. Sattler den Standpunkt der Fraktion des Abgeordnetenhauses verteidigt hatte, den folgenden Beschluß:

„Die Versammlung ist der Auffassung, daß das Verhalten der nationalliberalen Fraktion des preußischen Abgeordnetenhauses beim Schulantrage den Traditionen der Partei und dem Wohle des Volkes nicht entspricht; die Versammlung erwartet zwar bestimmt, daß die Abgeordneten bei Verabschiedung des Schulunterhaltungsgesetzes eine den

Grundsätzen der Partei entsprechende Stellung nehmen werden, hält es aber für unerläßlich, daß baldigst ein allgemein deutscher Delegiertentag der nationalliberalen Partei zu einer Aussprache über den Schulantrag einberufen wird."

Ferner meinte in der Provinzialversammlung der nationalliberalen Partei in Diez a. d. Lahn, der Reichstagsabgeordnete Patzig, der Schulantrag sei in der Art und Weise, wie er eingebracht worden sei, verunglückt und es wurde in dieser Versammlung eine Resolution gefaßt, wonach nur ein solches Schulunterhaltungsgesetz angenommen werden dürfte, das die bestehenden Simultanschulen in Hessen-Nassau aufrechterhält und die Neuerrichtung von Simultanschulen in anderen Landesteilen ermöglicht. Schließlich wurde auf einem in Kreuznach (Mitte Mai) abgehaltenen nationalliberalen Parteitage der Rheinprovinz betont, daß keine Verschiebung der Rechtslage zuungunsten der Simultanschule geduldet werden sollte.

Nach alledem entschloß sich die Parteileitung nicht zur Einberufung eines allgemeinen Delegiertentages, sondern begnügte sich mit der Einberufung des Zentralvorstandes der Partei nach Berlin zum 12. Juni, der nach gründlicher Aussprache mit allen gegen fünf Stimmen folgenden Beschluß faßte:

„Der Zentralvorstand erkennt an, daß der im preußischen Abgeordnetenhause eingebrachte Schulantrag sich im Einklange befindet mit derjenigen Stellungnahme, welche die nationalliberale Landtagsfraktion in Preußen in den Jahren 1892, 1896 und noch 1903, ohne Widerspruch in der Partei zu finden, in der Schulfrage eingenommen hat.

Er spricht die durch alle Erklärungen der Landtagsfraktion gerechtfertigte Erwartung aus, daß sie bei Ausgestaltung des

Gesetzentwurfs bestrebt sein wird, der Simultanschule eine rechtliche Stellung zu verschaffen, die nicht nur die gesetzlich und tatsächlich bestehenden Simultanschulen unverändert aufrecht erhält, sondern auch die Weiterentwicklung dieses Schulsystems auf der Linie seiner grundsätzlichen Gleichberechtigung möglich macht."

In diesem Beschluß gibt sich eine Wirkung des lebhaften Einspruches der Wählerschaft im Lande, der Presse und vieler unabhängigen Politiker kund. Im Laufe eines Monats hat die Partei eine Revision der Anschauungen über die Simultanschule vorgenommen, welche zwar den liberalen Forderungen gerechter wird, welche aber auch die Gefahr in sich schließt, bei der eigentlichen Gesetzgebung im Landtage wieder einer Superrevision, einer Rückwärtsrevidierung unterworfen zu werden. Denn die Resolution ist so eingerichtet und mit solchen Notausgängen versehen, daß die Abgeordneten auf das alte Kompromiß mit den Konservativen zurückgehen können, indem sie diesem die Auslegung geben, welche der Zentralvorstand zugelassen und resolutionsmäßig formuliert hat, und indem die Konservativen und die Regierung einfach an der heutigen Verwaltungspraxis der Zurückdrängung der Simultanschule festhalten. Man kann daher bei aller Hochschätzung der Männer des Zentralvorstandes nicht behaupten, daß dieser Ausgang sehr nervenstärkend und anfeuernd für eine liberale Schulpolitik zu wirken vermag. Die Gefahr der Verwischung der liberalen Schulforderungen, der Kartellbildung, der übergroßen Bescheidenheit des Liberalismus, der opportunistischen Sehnsucht, „etwas" zustandezubringen, besteht nämlich unverändert fort und wollte man von Reue in dem Beschluß des Zentralvorstandes sprechen, wie es die konservative Rechte getan hat, so müßte man einwerfen: die Reue ist nur dann wahr, wenn jemand sich dessen enthält was er bereut. Das ist aber noch nicht erwiesen. Demnach ist der Streit im liberalen Lager wahrscheinlich und bedauerlicherweise noch nicht beendet, sondern nur bis zur Wiederaufnahme der parlamentarischen Arbeit im Herbste des Jahres vertagt. Adhuc sub judice lis est, und dieser Richter, unter dem bis dahin noch der Streit hängt, ist die öffentliche Meinung, der über die Situation die erforderliche unbefangene Aufklärung zu geben wir im folgenden uns bemühen wollen.

II.

Die Situation.

Der Zentralvorstand der nationalliberalen Partei hat am 12. Juni in seiner Resolution einmal die Forderung aufgestellt, daß die Simultanschulen aufrecht erhalten und auf der Linie der grundsätzlichen Gleichberechtigung weiterentwickelt werde und er hat zweitens der nationalliberalen Landtagsfraktion in Preußen mit allen gegen fünf Stimmen bescheinigt, daß ihr Verhalten beim Schulkompromiß Hackenberg—Heydebrand—von Zedlitz im Einklang stehe mit der nationalliberalen Schulpolitik gegenüber dem Entwurfe des Grafen Zedlitz. Es ist begreiflich, daß diese Resolution im Lande den Eindruck der Unbefriedigung hervorruft, wenn auch anerkannt wird, daß die Resolution der Simultanschule gerechter zu werden versucht, als der Autrag Hackenberg—Heydebrand—Zedlitz. Trotzdem herrscht keine volle Befriedigung. Denn hatten sich in den ersten Wochen nach der Veröffentlichung des Kompromißantrages die Erörterungen innerhalb der Partei dahin zugespitzt und war namentlich von den Verteidigern der Landtagsfraktion betont worden, daß die Forderung der Parität für Konfessions- und Simultanschule heute an Bedeutung zurückstehe gegen die Forderung einer liberalen Schulaufsicht, so muß man diese Forderung nach einer liberalen Schulaufsicht und noch manches andere in der Resolution sehr vermissen. Ferner muß es gewagt erscheinen, die politische Situation so zu verkennen, daß man sie, soweit die nationalliberale Partei dabei als einflußgebende Partei in Frage kommt, mit der von 1892 gleichstellt, ganz abgesehen davon, daß schon die Haltung der Partei vor und nach dem 12. Juni, was die Simultanschule angeht, verschieden ist. 1892 befand sich die nationalliberale Partei im schärfsten Kämpfe gegen die Konservativen und das Zentrum, heute verständigen sich Nationalliberale und Konservative unter Zustimmung des Zentrums. 1892 stand die gesamte Linke geschlossen da, heute sind die freisinnigen Gruppen zur Seite gestellt. Damals wehrte man auf das schärfste die kirchliche Schule ab, gegenwärtig sehen sich durch die Verständigung mit den Konservativen die Verteidiger des Schulkompromisses genötigt, mit recht subtilen Begriffszustutzungen einen geschichtlich und staatsrechtlich festgelegten konfessionellen Charakter der preußischen Volksschule nachzuweisen. Erst durch die kräftige Volksbewegung wird die Fraktion bewogen, der von Hackenberg recht schlecht behandelten Simultanschule, der man im Kompromißantrage nur in historischen und national gefährdeten Landesteilen ihre Bedeutung gelassen hatte, nachträglich ein besseres Zeugnis zu besorgen und allgemein für die ganze Monarchie die Parität wieder einzuräumen. Die Vereinigung mit der Rechten in der Schulfrage hatte also bewirkt, daß nicht nur in der Verwaltungspraxis, sondern auch in der nationalliberalen Parteipolitik der Schwerpunkt zugunsten der konfessionellen Schule verrückt und den Konservativen und Klerikalen der Weg zu ihrem Schulideal, zur eigentlichen Kirchenschule, nicht unwesentlich abgekürzt worden war. Die konservative Presse und in ihrer zuwartenden Art auch die klerikale Presse haben es den Abgeordneten Hackenberg und Friedberg ausgesprochen, daß ihre Reden zugunsten der konfessionellen Schule ihnen in Zukunft geradezu als Verkehrsmittel dienen werden, welche die Klerikalkonservativen jederzeit benützen können, um sich ihrem Schulideal zu nähern. Mag auch die Resolution insoweit formell recht haben, daß die nationalliberale Partei auch früher schon die tatsächliche Konfessionalität eines beträchtlichen Teiles der preußischen Volksschulen nicht bestritten hat — das geht ja auch gar nicht —, die Fraktion hatte insofern eine Schwenkung vollzogen, als sie 1892 die Möglichkeit ausschließen wollte, daß gegen den Sinn der Verfassung ein preußischer Kultusminister die Simultanschule unterdrückte oder nur auf einen enger begrenzten Teil der Monarchie beschränkte, während sie heute — wenigstens in dem Antrage Hackenberg — die Simultanschule bis auf den enger begrenzten Teil selbst preisgegeben und während sie heute sich durch den Antrag dahin festgelegt hat, daß eigentlich ein preußischer Kultusminister für alle Zeiten verhindert wird, von der konfessionellen Schule in größerem Umfange zur Simultanschule überzugehen. Das genügte den Konservativen und Klerikalen vorläufig, das Weitere findet sich; die „Köln.

Volkszeitung" schrieb zum Schulstreit: Warum soll gerade die Simultanschule unantastbar sein? Wir meinen, daß grundsätzlich und parteipolitisch ein Unterschied im Verhalten der Nationalliberalen von 1892 und 1904 gegeben ist. Die Gegner des Schulkompromisses glauben, daß im Gegensatz zur kraftvollen Oppositionsstellung von 1892 ein langsames Hinabgleiten der liberalen Politik auf die breite Plattform der Opportunität im Jahre 1904 zu konstatieren sei.

Nur in Zeiten revolutionärer Explosionen überspringen die politischen Dinge weite Wegesstrecken; in normalen Zeitläuften rückt die Entwicklung langsam vor. In Etappen bewegen sich die Parteien und Interessengruppen voran, gibt eine Partei durch eine Konzession, durch einen Fehler oder auch durch ein Nichtausnutzen einer Gelegenheit eine Stellung auf, so rückt alsbald die Gegenpartei in die Position ein, um sich so Schritt um Schritt dem Zentrum der feindlichen Macht zu nähern, wenn sie nicht zwischendurch durch eine energische Gegenaktion wieder zurückgeworfen wird. Wie in den meisten wirtschaftlichen politischen und kulturellen Fragen hat auch in der Schulfrage der Liberalismus in dem letzten Teile des vorigen Jahrhunderts Eroberungen nicht mehr gemacht, sondern den Konservativen und Klerikalen erlaubt, sich in Etappen mit kleinen Erfolgen vorwärts zu bewegen und der Liberalismus hat bisher zu einer energischen Gegenaktion die Zeit und die Sammlung noch nicht gefunden, zu einer solch kräftigen Gegenwehr, welche notwendig wäre, die reaktionäre Politik nicht nur zum Stillstand zu bringen, sondern sie auch zurückzuwerfen.

Bei der Volksschule sind wir ungeachtet der technischen Erfolge systematisch und ununterbrochen den politischen Krebsgang gegangen und daß das bei vielen Liberalen nicht zum vollen Bewußtsein gekommen ist, liegt nicht zum geringsten an der zweideutigen Problemstellung, welche hauptsächlich durch die Unklarheit der Begriffe bewirkt wird. Mit Hilfe der in Preußen allmächtigen Verwaltungspraxis ist die Volksschule, mehr als Gesetz und Recht erlauben, unter kirchlichen und konfessionellen Einfluß geraten und ist jedenfalls an vielen Orten der Simultanschule das Leben so sauer wie möglich gemacht worden. In seiner Abhandlung „Schulkompromiß, Konfessionelle Schule, Simultanschule“ spricht es Tews offen aus, daß die Gemeinden hinsichtlich der staatlichen Beihilfen für das Volksschulwesen durchaus abhängig seien von dem Wohlwollen der Regierung, welche dieses Wohlwollen gegenüber paritätischen Schulorganisationen recht häufig versagt hätte. „Die Errichtung kleiner Konfessionsschulen in zahlreichen Städten konnte die Regierung nur deswegen durchführen, weil die sich weigernden städtischen Gemeinden befürchten mußten, mit Entziehung von Staatsbeihilfen bestraft zu werden“ (S. 16). Solche energische Staatsraison pflegt aber mitunter auch auf die weicheren Gemüter mancher Untertanen abzufärben. Die Vorstellungen über Simultanschule und Konfessionalismus sind heutzutage in breiten Volksschichten keineswegs fest begrenzt, gehen vielmehr ins Blaue hinein und widersprechen sich in mannigfaltigster Weise. Desgleichen ist der geschichtliche Entwicklungsprozeß den meisten dunkel, was, wie wir gesehen haben, in der offiziösen und freiwillig gouvernementalen Presse die köstlichsten Blüten der Aus- und Unterlegungskunst hervorzubringen gestattet. Über das Begriffliche und Historische also zunächst ein paar Worte, damit der Ausblick auf das Problem und seine Zukunft freier werde.

Es sind zu unterscheiden die kirchliche, die konfessionelle, die Simultan- oder paritätische und die konfessionslose Schule. In der kirchlichen Volksschule, dem Ideal der Klerikalen, ist das ganze Unterrichtswesen von konfessionell-kirchlichem Geiste beherrscht. Natürlich herrscht der Religionsunterricht vor und die Geistlichkeit hat in der Organisation und Verwaltung der Schule das Heft in der Hand. Die Schule ist ein untergeordnetes Organ der Kirche und steht unter deren Führung und Leitung. Bei der konfessionellen Schule wird Religionsunterricht nur in einer bestimmten Konfession erteilt, der Religionsunterricht ist mit der wesentlichste Gegenstand des Lehrplans und alle Lehrgegenstände werden mit religiösen Problemen in mehr oder minder künstliche Beziehung gebracht. Die Lehrer gehören regelmäßig der einen Konfession an. Der Staat hat die Schule zwar unter seiner Leitung und betrachtet sie als Staatsschule, tatsächlich hat aber bei dem Vorherrschen der kirchlichen Schulaufsicht die Kirche weit mehr Einfluß auf die Schule als der Staat. Die Simultanschule dagegen ist für Kinder verschiedener Konfessionen berechnet; der Religionsunterricht ist durchaus ungeschmälert und wird für die verschiedenen Konfessionen besonders erteilt, der übrige Lehrstoff kann sich frei und ohne künstliche Verquickung mit Konfession und kirchlicher Dogmatik frei entfalten. Die Lehrer werden ohne Rücksicht auf eine bestimmte Konfession angestellt. In der konfessionslosen Schule schließlich wird auf die Konfession der Lehrer keine Rücksicht genommen, das hat sie mit der Simultanschule gemein; ihr Besonderes ist, daß in der konfessionslosen Schule Religionsunterricht überhaupt nicht erteilt wird; diese Bedürfnisse müssen außerhalb der Schule durch besondere Kräfte befriedigt werden.

Wir haben nun in Preußen weder die rein kirchliche, noch die konfessionslose Schule, sondern nebeneinander die konfessionelle und Simultanschule. Naturgemäß sind die konfessionellen Schulen stets in der Mehrheit gewesen, auf der anderen Seite war die Simultanschule kein feststehender unveränderlicher Faktor in der Kulturrechnung, es waren vielmehr Begünstigung oder Duldung der paritätischen Schule regelmäßig von der Stärke der liberalen Strömungen im Volkstume und Staatswesen abhängig. Ging ein pietistischer Geist durch Preußen, so war die Simultanschule das Aschenbrödel, ließ sich eine Spur von freiheitlichem Hauch bemerken, so sah die Simultanschule vorübergehend bessere Tage. Die konfessionelle Schule muß deshalb stets in der Mehrheit sein, weil die größte Zahl der Schulen auf dem Lande sich befindet und nur mit einem Lehrer besetzt ist. Im Jahre 1901 waren von 36 756 Schulen 21 488 einklassige Schulen oder Halb- und Dritteltagsschulen. Da in diesen Schulen der eine Lehrer alle Unterrichtsgegenstände gibt einschließlich Religion, so ist es selbstverständlich, daß er die Konfession der Mehrheit in der Gemeinde teilt, daß die katholische oder evangelische Mehrheit sich einen katholischen oder evangelischen Lehrer bestellt, die Schule also der Konfession der Mehrheit in der Gemeinde entspricht. Simultanschulen sind eigentlich nur gedacht für größere Schulgemeinden, namentlich mit gemischt konfessioneller Bevölkerung. Hier, wo verschiedene Lehrer sich in den Unterrichtsfächern teilen, soll es möglich sein, für die Fächer außer Religion evangelische und katholische Lehrer nur mit Rücksicht auf Befähigung und Brauchbarkeit anzustellen. Diese größeren Schulgemeinden, welche über Volksschulen mit einer größeren Anzahl von Schulklassen und umfangreicheren Lehrplan verfügen, sind gegenüber den zahlreichen Landschulen in der Minderheit und dementsprechend muß das Zahlenverhältnis von Simultanschulen zu konfessionellen Schulen schon an sich das Vorherrschen der konfessionellen Schule zeigen. 1901 hatten wir 4402 Schulen in den Städten und 32 332 Schulen auf dem Lande; von den 36 756 Schulen insgesamt waren 803, d. i. nur 2,19 Prozent, paritätisch organisiert. Darüber besteht also ein Streit nicht, daß die konfessionelle Schule der Zahl nach vorherrscht, sondern darüber 1. ob die konfessionelle Schule die durch die preußische Gesetzgebung bevorzugte Schule ist, 2. ob der Passus des Antrages Hackenberg ꝛc.: „In der Regel sollen Schüler einer Schule derselben Konfession angehören und von Lehrern ihrer Konfession unterrichtet werden" mehr den klerikal-konservativen Wünschen, als der liberalen Tradition entspricht.

*

Der Abg. Friedberg meinte in seiner Berliner Rede vom 25. Mai 1904, die konfessionelle Schule sei die vom Allgemeinen Landrecht vorgeschriebene Schule. Wie steht es mit dieser Behauptung? § 29 und 30 des 12. Titels des II. Teiles des Allgemeinen Landrechtes lauten:

„Wo keine Stiftungen für die gemeinen Schulen vorhanden sind, liegt die Unterhaltung der Lehrer den sämtlichen Hausvätern jedes Ortes, ohne Unterschied, ob sie Kinder haben oder nicht, und ohne Unterschied des Glaubensbekenntnisses ob."

„Sind (jedoch) für die Einwohner verschiedenen Glaubensbekenntnisses an einem Orte mehrere gemeine Schulen errichtet, so ist jeder Einwohner nur zur Unterhaltung des Schullehrers von seiner Religionspartei beizutragen verbunden!"

Das besagt nach meiner Ansicht: Die Schulunterhaltung ist Sache der Gesamtheit der Hausväter, ohne Rücksicht darauf, ob sie Kinder haben oder nicht, ob sie evangelisch oder katholisch sind. Wo jedoch einmal konfessionelle Schulen errichtet worden sind, da brauchen die Evangelischen nur zu der evangelischen, die Katholiken nur zur katholischen Schule beizutragen. In aller Welt bedeuten die Bestimmungen des Landrechtes aber nicht das, was Friedberg herausgelesen hat: daß, wenn Einwohner verschiedener Konfessionen in der Gemeinde vorhanden sind, die Einwohner nur gezwungen sind, zur

Unterhaltung desjenigen Lehrers beizutragen, der ihrer Konfession angehört. Friedberg bedient sich der petitio principii und erklärt, schon wenn in einer Gemeinde Einwohner verschiedener Konfession vorhanden sind, ist die konfessionelle Schule gegeben; während das Landrecht sagt, wo die konfessionelle Schule errichtet worden ist, da haben sich die Einwohner verschiedener Konfession im Sinne des § 30 zu verständigen. Die Einwohner haben nicht das Bestimmungsrecht über die Konfessionalität oder Parität der Schule, sondern lediglich das Recht, wo konfessionelle Schulen errichtet sind, für die Schule ihrer Konfession zu zahlen und Beiträge für die Schulen der anderen Konfession zu verweigern. Wenn Gneist aus diesem Paragraphen gefolgert hat, das Landrecht hätte nur die Simultanschule gekannt, so ist diese Auffassung wohl ebenfalls als einseitig zu bezeichnen, denn nur das Nebeneinanderbestehen konfessioneller und paritätischer Volksschulen ist in den Vorschriften des allgemeinen Landrechtes gewährleistet, nicht das Vorherrschen der Simultanschule. Ebenso falsch ist aber auch die Ansicht Friedbergs, daß wir, abgesehen von Hessen-Nassau, wo die Simultanschule garantiert sei, in der Monarchie Preußen gesetzlich die konfessionelle Schule haben. Das geht, wie gesagt, nicht aus dem preußischen Landrecht hervor und das geht auch nicht, wie man weiter behauptet hat, aus der preußischen Verfassung hervor. Denn diese sagt in Art. 24 lediglich, was sich bei dem Vorwiegen der einklassigen Schulen von selbst versteht, daß nämlich bei der Einrichtung der öffentlichen

Volksschulen die konfessionellen Verhältnisse möglichst zu berücksichtigen sind, und es wird nur hinzugefügt, daß den Religionsunterricht in der Volksschule die betreffenden Religionsgesellschaften leiten. Es hätte dem Gesetzgeber wohl nicht an Ausdrucksmitteln gefehlt, wenn er tatsächlich die preußische Volksschule zum rein konfessionellen Gebilde hätte gestalten wollen; aber selbst die nachmärzliche preußische Regierung, die es hinsichtlich reaktionärer Bestrebungen am „guten Willen" nicht fehlen ließ, wich in diesem Punkte vor der Macht der realen Verhältnisse und Bedürfnisse zurück. Wie schon der Minister Ladenberg 1849 erklärte, bedeutet das Wort „möglichst" im Artikel 24 zwei Beschränkungen — die eine: soweit es die Rechte des Staates und seine Ansprüche gestatten, und die andere: soweit es nach den Zahlenverhältnissen ausführbar ist; mit anderen Worten: erst mußten andere wichtige Interessen — staatliche und gemeindlich-finanzielle — berücksichtigt sein, ehe die Einrichtung konfessioneller Schulen durchgeführt werden könne. Noch klarer bezeichnet das Verhältnis Rönne, der erklärt: „Als legales Verwaltungsrecht ergibt sich eine Schule, in der die Religion konfessionell gelehrt werden muß, die Wissenschaft nicht konfessionell gelehrt werden darf, die Staatsaufsicht in diesem Sinne gehandhabt werden soll." Danach ist im Gesetze die Parität nach beiden Seiten voll aufrecht erhalten und wenn der Minister von Raumer, ein ausgesprochen orthodox-konservativer Mann, dem Art. 24 der Verfassung die einseitig konfessionelle Auslegung gab und die konfessionelle Schultrennung beförderte, so konnte er sich auf das Gesetz hierbei nicht berufen. Hier haben vielmehr Verwaltungspraxis und System, wie so oft in Preußen gegen den Sinn eines Gesetzes regulierend eingegriffen. Das System strebt dahin, die Staatsschule wieder in dem Geiste zu gestalten, daß sie als kirchliches Institut wirke (Rönne). Nach und nach wird die Konfessionsschule zu dem enfant gâté der Staatsorgane, wie sie es heute ist.

Daß die preußischen Volksschulen nicht gesetzlich konfessionell sind, besagt auch die provinzielle Gesetzgebung, die doch nicht im Widerspruch mit der Landesgesetzgebung stehen darf. So schrieb z. B. das Schulreglement vom 18. Mai 1801 für Schlesien und Glatz für „Dörfer vermischter Religionen“ vor: „In solchen gemischten Dörfern erteilt der Schullehrer allen Kindern ohne Unterschied der Religion den Unterricht im Lesen, Schreiben und allen solchen Kenntnissen, die nicht zur Religion gehören. Zu Lesebüchern sollen solche gewählt werden, die nichts von den Unterscheidungslehren einer oder der anderen Religion enthalten. Desgleichen müssen sich alle Kinder zu dem gemeinschaftlichen Gebete oder Gesange bei dem Anfange oder Ende der Schule vereinigen, wie solches hergebracht ist, doch muß dieses Gebet nichts Einseitiges einer Religionspartei enthalten.“ In dem Reglement für die Land- und niederen Schulen in Neu-Ostpreußen vom 31. August 1805 wird ferner gesagt: „Kein Kind, welcher Konfession auch die Eltern oder Erzieher angehören, soll sich diesen Schulen entziehen. Auf die Konfession des Lehrers kommt es nicht an", und als im Jahre 1834 zwischen den Militär- und Unterrichtsbehörden wegen Einrichtung der Garnisonsschule zu Wesel als einer Simultanschule oder als zweier Konfessionsschulen Streit entstand, traf der König durch Ordre vom 8. März 1835 die Entscheidung zugunsten der in der Armee stets üblich gewesenen Simultanschule. Minister Eichhorn sprach es in einer Verfügung vom 8. Mai 1847 aus, daß alle öffentlichen Unterrichtsanstalten der Monarchie entweder evangelische oder katholische oder statutenmäßig Simultananstalten sind. Also von der gesetzlich festgelegten konfessionellen Volksschule wissen weder Landrecht, noch Verfassung, noch die Verordnungen etwas und es ist darum auch nur natürlich, daß das Oberverwaltungsgericht anerkannt hat, in Preußen sei keineswegs die konfessionelle Schule durch die Verfassung vorgeschrieben, sondern die konfessionelle und die paritätische Schule beständen gleichberechtigt nebeneinander.

*

Daß die Stahlsche Gruppe des Konservatismus in jener Zeit der Verfassungsentstehung anderer Ansicht war in bezug auf das Verhältnis von Staat und Kirche und von Kirche und Schule und daß ebenfalls die ultramontane Weltanschauung den Artikel 24 der preußischen Verfassung anders interpretiert, soll gar nicht bestritten werden. Aber diese Auslegung kann weder für den Staat noch für den nationalen Liberalismus maßgebend sein. Richtig ist, daß mit der Zeit in der Schulfrage der preußische Konservatismus und die Klerikalen immer näher zusammengerückt sind und daß jedenfalls die evangelischen Konservativen geneigt zu sein scheinen, mit dem Ultramontanismus sich in der Herrschaft über die Schule zu teilen, während die katholischen Klerikalen freilich auch in diesem Punkte wohl noch einige Vorbehalte haben, die auf Alleinherrschaft hinzielen. Als am 10. Juli 1876 die deutsch-konservative Partei gegründet wurde, erachtete sie in ihrem Aufruf „vor allem die konfessionelle, christliche Volksschule für die Grundlage jeder gesunden Entwicklung und für die wichtigste Bürgschaft gegen die zunehmende Verwilderung der Massen und die fortschreitende Auflösung aller gesellschaftlichen Bande". Ähnlich, wenn auch präziser und klarer in den Ansprüchen und zugleich weniger scharf gegen die Sozialdemokratie, drückte sich das Zentrum in dieser Frage aus. Am 20. September 1871 gaben die in Fulda versammelten Bischöfe und Erzbischöfe eine Denkschrift über die Lage der katholischen Kirche heraus, in der über die Schule gesagt wurde: „Das heute noch gültige positive Recht, auf dem der ganze religiös-kirchliche Rechtszustand Deutschlands beruht, erklärt die Schule als ein Annexum religionis." Die Konfessionsschule war also mittlerweile ein wertvoller Probierstein der klerikal-konservativen Politik geworden. Naturgemäß mußte sich diese Politik mit voller Wucht gegen die Pläne Falks und gegen seine Versuche richten, die unter dem preußischen Verwaltungssystem vernachlässigten Simultanschulen wiederherzustellen und in ihrer Organisation zu festigen. Es waren in der Ära Falk unter 33000 Schulen 382 paritätische Schulen neugeschaffen oder ins Leben zurückgerufen worden, und diese politische und kulturelle Maßnahme wurde von den Klerikalen und Konservativen auf das schärfste bekämpft, von den Nationalliberalen gutgeheißen und unterstützt.

In der klerikalen Agitation für die konfessionelle Schule wurde von den paritätischen Schulen gesagt, daß sie nur darauf ausgingen, den Glauben im Gemüte der Kinder zu zerstören und moderne Heiden aus ihnen zu machen. Die Eltern wurden bei der Furcht vor dem ewigen Gericht, bei dem ihnen weder Falk noch Bismarck helfen könne, beschworen, ihre Kinder vor solchen Schulen zu bewahren. Auf der evangelisch-orthodoxen Seite hatte Superintendent Morich die Seinen mit dem Ausspruche mobilisiert, die in den modernen Staats- und Gemeindeschulen erstrebte humane, nationale und volkswirtschaftliche Erziehung sei in ihrem Kerne weiter nichts als zu unbeschränkter Selbstzucht, zu frecher Roheit zurücktreibendes Heidentum. Ohne Verbindung mit der Konfession hätten die weltliche Disziplin nur einen geringen Grad sittlich bildenden Einflusses. „Wer Philosophie studieren will, studiere die kirchlichen Bekenntnisse." Das war keine vereinzelte Stimme, sondern der Querdurchschnitt der Orthodoxie. Die „allgemeine lutherische Konferenz" trat im Juni 1877 in 13 geharnischten Resolutionen gegen die Simultanschule auf. Den damaligen Standpunkt der Nationalliberalen in diesen Wirren vertrat u. a. der Abg. Seyffardt, der die Falkschen Bestrebungen namentlich auch für die westlichen Provinzen in vollem Umfange anerkannte: die Volksschule sei tatsächlich viel besser geworden in den letzten Jahren. Das beste Bindemittel zwischen den rheinischen liberalen Katholiken und den Andersgläubigen sei die Erkenntnis, daß die Bestrebungen der Falkschen Ära, welche unter treuer Pflege des konfessionellen Lebens eine Beseitigung der geistlichen Herrschaft über die Schule und die Wiedergewinnung der Schule für das gemeinschaftliche Denken und Fühlen der Staatsbürger durchgesetzt haben, und Seyffardt meinte, daß diese Bestrebungen für das Rheinland die Zukunft darstellten. Von Interesse ist auch gegenüber den heutigen Bemühungen im nationalliberalen Lager, die Konfessionsschule als die verfassungsmäßig gegebene hinzustellen, die scharfe Abweisung, welche solchen Bemühungen der Generalbericht der nationalliberalen Partei über den preußischen Landtag 1877/79 zuteil werden läßt. Da heißt es auf S. 15 u. 16: „Die Behauptung, daß die öffentlichen Schulen in Preußen vor 1848 konfessionelle Schulen gewesen seien, in dem Sinne, wie dies jetzt von ultramontaner und konservativer Seite behauptet wird, ist nicht richtig. Schon nach dem allgemeinen Landrecht waren die öffentlichen Schulen den Schülern jeder Konfession zugänglich. Auch der Abgeordnete Gneist wies in der Sitzung vom 23. Januar 1878 nach, daß der Name „konfessionelle" Schulen von den hochkirchlichen Parteien beider Konfessionen erst in neuerer Zeit erfunden ist".

Also ohne jede Konzession an die hochkirchlichen Parteien trat früher die nationalliberale Partei für die Simultanschule ein, und mir scheint, ohne dem Liberalismus Andersdenkender zu nahe zu treten, daß nach dem Wesen des

Liberalismus hierin bis heute sich nichts geändert haben kann. Das wird besonders klar, wenn man sich in die Verschiedenheiten der liberalen und hochkirchlichen Anschauungen über Wesen und Aufgabe der heutigen Volksschule zu versenken sich bemüht. Die Konfessionsschule soll, so sagen ihre Anhänger, „Gesinnung bilden"; niemand soll hinsichtlich seines religiös-kirchlichen Standpunktes ein Zwang angetan werden und keiner soll mit seinen, aus dem Familienboden entnommenen religiös-sittlichen Grundanschauungen im Unterricht und der gesamten Schulerziehung zu kurz kommen. Das religiöse Gepräge der Schule muß sofort erkennbar sein und es muß eine konfessionell gerichtete und ausgeprägte Religion die Grundlage aller Bildung sein. Nicht nur daß man keinen sogenannten allgemeinen Religionsunterricht duldet, der angeblich Verschwommenheit und Unklarheit hervorruft, nein, auch der ganze übrige Unterricht in der Volksschule soll von strenger Konfessionalität getragen werden. Der Geschichtsunterricht sei, so heißt es da, ohne konfessionelle Färbung mark- und kraftlos, er müsse daher einem konfessionellen Geschichtsunterricht Platz machen, der der subjektiven oder besser parteiisch zugespitzten Auffassung des Lehrers von Personen und Geschehnissen freien Spielraum läßt. Auch ein geographischer Unterricht mit konfessioneller Ausprägung wird verlangt, welcher es z. B. gestattet bei Magdeburg zu erzählen, daß Tilly es an allen vier Ecken angezündet hätte, bei Eisleben zu erwähnen, daß dort Luther höchst unbußfertig gestorben und dort nach dem Vermuten von Majunke und andern von einem gewissen schwarzen

Herrn geholt worden sei. Das gebe erst der Lehrmethode die nötige Frische und Freudigkeit. Die deutsche Literatur läßt sich nach solcher Ansicht ebenfalls nur unter Wahrung konfessioneller Interessen packend und charakterbildend vortragen. Schema: Goethe und Schiller zweifelhafte Kantonisten, Mey und von Bolanden strahlende Sterne der Literatur. Desgleichen Lesen, Schreiben, Rechnen. Erbauliche und schöne Schulandachten und Schulfeste sind nur bei konfessioneller Ausprägung zu erzielen usw. usw.

Weit über diesen angeblichen pädagogischen Vorteilen steht für den Klerikal-Konservativen der Segen der Konfessionsschule für die Frömmigkeit und Sittlichkeit der heranwachsenden Jugend, welche Frömmigkeit und Sittlichkeit nur durch die Einprägung und Durchdringung des ganzen Menschen mit klaren und streng voneinander geschiedenen Dogmen garantiert werden kann. Die simultane Volksschule verliert, so wird gesagt, die unterrichtliche Einheit und die erziehliche Lebenskraft; der Jugend entschwindet das Fundament der organisch geschlossenen Entwicklung. Wir können beim besten Willen uns hierbei etwas bestimmtes und klares nicht vorstellen. Die Gemeinden werden, so heißt es weiter, der religiösen Gleichgültigkeit zugeführt und leiden sittlich wie materiell großen Schaden. Das ganze Volksleben geht der Widerstandskraft gegen die zersetzenden Mächte der Negation verlustig. Hier wird die Phrase schon verständlicher, nämlich volksfeindlich und reaktionär. Das Gegenteil der Konfessionsschule, meint Zillessen, ein evangelischer Hauptvertreter der Konfessionsschule, muß „Erschütterung all und jeder Autorität, Vermehrung des nicht in der Gottesfurcht und im Gottvertrauen gegründeten und also sündigen Selbstbewußtseins, Stärkung der eigenwilligen Naturanlage, immer maßlosere Selbstüberhebung, unbescheidenes, unehrerbietiges, hochmütiges, naseweises, zuchtloses, ja freches Wesen, immer unverschämteres Hervorbrechen der sündigen Triebe und Lüste" hervorbringen.

Christliche Milde und geduldiges Verzeihen liegt hiernach offenbar nicht gerade im Bereiche der konfessionellen Schulerziehung, wenigstens haben wir bei den Freunden der Simultanschule eine solche Anhäufung von erbitternden und leidenschaftlichen Aussprüchen noch nicht gehört und gelesen. Auch fällt uns bei solcher gewaltsam betriebenen Frömmigkeit stets das dänische Sprichwort ein: Wenn wir so viel gute Menschen wie Fromme haben, wäre die Erde ein Paradies. Es will auch scheinen, als ob der letzte Grund, der für die konfessionellen Schulen angeführt wird, daß nämlich bei ihnen viel weniger für den Frieden zwischen den Anhängern verschiedener Konfessionen zu fürchten sei, als in den Simultanschulen, doch noch stärkerer Beweisstützen bedarf, als gewöhnlich gegeben werden. Je konfessioneller eine Schule ist, je mehr sie den Idealen entspricht, welche ihren Anhängern vorschweben, desto mehr muß sie, wenn sie überhaupt eine Wirkung hat, doch auch zur Einseitigkeit und zur übertriebenen Einschätzung der konfessionellen Eigenarten, d. i. zu einer Art von Intoleranz erziehen.

Keferstein macht übrigens schon in seiner Schrift von der Konfessionsschule darauf aufmerksam, daß es überhaupt eine völlig reine und scharf abgegrenzte Konfessionsschule, die allen Ansprüchen genügt, die hinsichtlich des Konfessionalismus an sie gestellt werden können, gar nicht geben kann; man tut nämlich der Sache des Konfessionalismus durchaus nicht Gewalt an, wenn man auf immer feinere Unterschiede innerhalb der Hauptkirche und Religionen verfällt, und z. B. innerhalb des Protestantismus eine Sonderung wahrnimmt zwischen Reformierten und Lutheranern, Orthodoxen und Protestantenvereinlern; innerhalb des Katholizismus zwischen Vatikanern und Altkatholiken; denn diese Richtungen und Dogmenvertretungen sind so verschiedenartig, daß alle die pädagogischen und ethischen Gründe, die man für die Konfessionsschulen im allgemeinen anführt, auch für jede einzelne Richtung zutrifft. Auch innerhalb dieser religiösen Besonderheiten wird dem einen ein Zwang angetan, wenn er nicht die einheitliche Lehre und den religiös-kirchlichen Standpunkt vermittelt erhält, die seiner Richtung genau entspricht. Werden hier Unterschiede verschwiegen und verwischt, so ist die gleiche Verschwommenheit und Freudlosigkeit des Unterrichtes da, wie man sie der Simultanschule zum Vorwurfe macht.

*

Was jenen vielberufenen p ä d a g o g i s c h e n W e r t der K o n f e s s i o n s s c h u l e angeht, so ist er durchaus nicht so unbestritten, wie Hackenberg und andere annehmen. Sehr viele Pädagogen meinen noch heute, daß mit dem verfrühten Konfessionalismus entweder völlige Gleichgültigkeit gegen jedes religiöse Interesse oder religiös-dogmatischer Hochmut, Unduldsamkeit und in beiden Fällen sittliche Unfertigkeit leicht verbunden sei, vorausgesetzt, daß der Konfessionalismus überhaupt auf ein Kindesgemüt abfärbt, was von anderer Seite wieder bestritten wird. Es liegt auch die große Gefahr vor, daß bei dem Betonen des Konfessionalismus die Religion nicht als eines der wertvollsten Bildungs- und Erziehungsmittel, sondern als die einzige große Sache betrachtet wird, um die sich alle übrigen Unterrichts- und Erziehungsmittel zu gruppieren haben und daß dabei schließlich der Religionsunterricht ein übermächtiges Gebiet beschlagnahmt und die übrigen Unterrichtsfächer in die Ecke drängt. So bringt Scherer in seiner Schrift „Die Simultanschule — warum muß sie die Schule der Zukunft sein?" die Volksschulerinnerungen eines Professors, die in der Tat ein Übermaß von Gedächtniswerk als das Ergebnis des Religionsunterrichtes in der ausgeprägten Konfessionsschule feststellen. Es heißt da: „Mein Kollege, der Professor der praktischen Theologie, würde erfreut sein, wenn jeder Kandidat am Ende der Universitätszeit sicher wüßte, was ich in der Volksschule gelernt habe: die Namen der Richter und der Könige beider Reiche mit den Jahreszahlen ihrer Regierung, die Einrichtungen der Stiftshütte und des salomonischen Tempels und ihre symbolische Bedeutung, sämtliche messianische Weissagungen des alten Testaments, mindestens 20 Psalmen, die Bergpredigt, 1 Corinther 13, Lucas 2 und viele andere Kapitel — ich bin noch nicht fertig —, die Reisen des

Apostel Paulus, sämtliche Stationen fehlerlos, die lateinischen Namen der Sonntage, eine Menge Lieder 2c. 2c." Wohl jeder hat gerade beim Religionsunterricht — sei es in der Volksschule, sei es in der höheren Schule in seiner Kindheit ähnliche Erfahrungen gemacht und mancher ist infolge dieser religiösen Diätfehler gründlich seiner Kirche entfremdet worden.

Solche fromme Übungen und all dieser Gedächtnisballast hat doch wirklich mit der Lehre Christi nichts zu tun und gerade die gern den Ausspruch: dem Volk muß die Religion erhalten werden mit oder ohne einseitige Betonung des Wortes Volk im Munde führen, sollten doch auch versuchen, einen Einblick in die Volksseele zu gewinnen. Sie würden dann bemerken, daß mit dem Übermaß von Religion und Kultus keine Seele für die Lehre Christi gewonnen und festgehalten wird. Obwohl wir zahllose Kirchen bauen, obwohl wieder mit Bibelkränzchen und Gesundbeten ein pietistischer Hauch durch das deutsche Leben geht und die Konfessionsschule im Wege der Verwaltungspraxis zur Herrschaft gebracht worden ist, steht doch die große Volksmasse diesem Kirchentum und Konfessionalismus fremder und ferner als je gegenüber. Das kommt daher, weil der großen Masse der Bevölkerung nicht die Persönlichkeit Christi, nicht die ewigen Wahrheiten der christlichen Sittenlehre ins Herz gepflanzt, sondern ein unverdaulicher Memorierstoff und ein gehässiger Dogmenstreit ins Gedächtnis gepfropft werden. Man kann erwidern, wenn der Konfessionalismus so geringe Spuren im Volksleben hinterläßt, dann ist er ja unschädlich und man kann ihn gewähren lassen. Doch nur dann, wenn man überhaupt auf eine geistige und sittliche Bildung des Volkes durch Religiosität verzichtet und mit einer Papageienwissenschaft und mit einer Gedächtnisethik auskommen kann. Gerade wer nicht ausschließlich Fach- und Nützlichkeitskenntnisse den Kindern der Volksschule übermitteln, wer auch die Heilsgüter der christlichen Kirche auf sie einwirken lassen will, muß den Konfessionalismus mit seinen Übertreibungen und Einseitigkeiten abwehren und für eine weise Diät und für eine richtige Ökonomie in der Zuteilung des Religiösen zum Unterrichtsstoff in der Volksschule eintreten. Von den Zielbestimmungen in allen Schulgesetzen der deutschen Bundesstaaten gefällt uns am meisten die Gothaische, die da sagt: „Die Volksschule soll die Kinder zum bewußten sittlichen Handeln erziehen und die geistigen Kräfte derselben gleichmäßig entwickeln. Nichts soll gelehrt werden, was das Fassungsvermögen der Kinder übersteigt, nichts soll dem Gedächtnis derselben eingeprägt werden, was nicht zum Verständnis der Kinder gebracht worden ist."

Daß hier und da auch in einer Simultanschule gegen diese richtigen pädagogischen Grundsätze verstoßen werden mag, wer will das leugnen? Aber man möchte wohl annehmen, daß es durchweg nicht an den Volksschullehrern liegt, falls auch in Simultanschulen beim Religionsunterricht konfessionelle Überspannungen vorkommen. Die Volksschullehrer — evangelische und katholische — möchten meist auf die dogmatischen Haarspaltereien und auf das religiöse Memorierwerk verzichten und die verständige Ökonomie von Religion und Wissenschaft walten lassen, wenn sie nur von den kirchlichen Vorgesetzten und Aufsichtsbeamten in dieser Hinsicht in Ruhe gelassen würden.

*

Die Frage: Simultanschule oder Konfessionsschule? hat aber neben der pädagogischen Seite wichtige finanzielle und politische Bedeutung, worauf ja auch schon Jürgen Bona Meyer in seiner Schrift: Simultanschule (S. 67 ff.) hinweist. Die strenge Durchführung des Konfessionsgrundsatzes muß, das ist eine bekannte Erfahrung, die Gemeinden übermäßig belasten und die Leistungsfähigkeit der Schulen beeinträchtigen. Schon ein Ministerial-Reskript vom Jahre 1874 meint, es könne nicht zweifelhaft sein, daß die Herstellung größerer Schulkörper zur Vereinigung der Kinder verschiedener Konfession der Einrichtung oder Belassung kleinerer Unterrichtsanstalten mit naturgemäß niedrigeren Bildungszielen vorzuziehen sei. Die Armut mancher Gemeinden gestattet gar nicht die Unterhaltung zweier konfessionell geschiedenen Schulen und sicherlich ist eine mehrklassige Volksschule simultanen Charakters einer Gruppe von konfessionellen Schulen vorzuziehen, welche einklassig gestaltet werden mußten, weil anders die Mittel nicht ausreichten. Weiter ist es ein Nachteil konfessioneller Schulen, daß bei geteilten Mitteln brauchbare Lehrer schwer zu gewinnen sind. In der Literatur über diese

Frage wird eine evangelische Schule in Westfalen erwähnt, in der sich wegen der ärmlichen Verhältnisse in 26 Jahren 16 Lehrer einander gefolgt sind und in der es schließlich überhaupt unmöglich war, einen geprüften Lehrer zu erhalten. Der vorhandene Lehrermangel — 1901 mußten auf dem Lande 14121 Schulklassen von anderweit schon beschäftigten Lehrern mit versehen werden — läßt doch deutlich erkennen, daß eine Vereinigung getrennter Schulen oder die Beschaffung größerer Schulsysteme auf paritätischer Grundlage unvermeidlich ist. Eine höchst unerfreuliche Begleiterscheinung der konfessionellen Zuspitzung ist es schließlich, wenn den Kindern die konfessionelle Schule am Ort verschlossen ist und sie stundenweit in Wetter und Wind zu ihrer Konfessionsschule wandern müssen. (Weiteres Material zu diesem Teil der Frage bei Tews: Schulkompromiß &c. S. 31 ff.). Wo, wie in den polnischen Sprachgebieten, die Begriffe Katholisch und Polnisch zusammenfließen, da tritt auch die nationale Bedeutung der Simultanschule hervor, denn da bedeuten die Konfessionsschulen eine Verstärkung des Polentums, worauf schon 1831 der Oberpräsident von Flottwell in Posen hingewiesen hat. In solchen katholischen Volksschulen ist von den Schulkindern bis zum Lehrer und zum beaufsichtigenden Geistlichen das Polentum so gut wie ganz unter sich. Außerdem fehlen an der polnisch-deutschen Sprachgrenze die Lehrkräfte trotz der Ostmarkenzulage noch immer und läßt man hier nun noch das Konfessionelle sich vordrängen, so wird die Zahl der Halbtagsschulen recht bedenklich vermehrt oder eine wachsende Zahl von

Schulkindern dem Unterricht und damit dem deutschen Einfluß entzogen werden.

*

Daß die Konfessionsschule politisch den Interessen der Orthodoxie und des Ultramontanismus entspricht, ist nach dem gesagten und nach der leidenschaftlichen Verteidigung, die sie bei den Hochkirchlichen findet, eigentlich nicht mehr besonders hervorzuheben. Man kann es ja oft genug in den Reden und Schriften dieser Kreise vernehmen, daß die Volksbildung nicht zu stürmisch und umfassend sich entwickeln dürfe, daß Staat und Gemeinden in der Volksaufklärung eher zu viel als zu wenig täten, daß Kenntnisse stolz und eitel machten und der rechten Demut gefährlich würden. So findet man sich auf dieser Seite mit den pädagogischen, technischen und finanziellen Nachteilen der Konfessionsschule nicht nur ohne Schwierigkeiten ab, sie sind ihnen sogar Verbündete im Kampfe gegen das „Halbwissen“, gegen die Aufklärung der Massen. Inzwischen hält das Hochkirchentum unverwandt den Blick auf die kirchliche Schule gerichtet. Sie ist und bleibt natürlich das zu erstrebende Ideal, während die Konfessionsschule immer nur eine Etappe, eine Abschlagszahlung, aber doch eine hinreichend wertvolle Abschlagszahlung darstellt. Nach der Entlassung von Falk formulierten fünfhundert orthodox-evangelische Pastoren, welche in Berlin zu der oben schon erwähnten lutherischen

Augustkonferenz versammelt waren, ihre Wünsche folgendermaßen:

„Erziehungsanstalt kann wirklich und wesentlich eine Volksschule nur in der Form der Konfessionsschule sein. Es gibt keine Erziehung ohne Religion, keine Religion ohne Konfession. Darum muß auch der gesamte Unterricht, das ganze Leben der Volksschule in Beziehung zur Religion stehen. In Christo tota salus. Die Pflege der Religion ist Aufgabe der Kirche. Darum muß dieselbe in organischer Verbindung mit der Volksschule stehn und zwar 1. in bezug auf die Leitung, des Religionsunterrichts nach Ziel und Umfang, Methode und Lehrmittel, 2. in bezug auf die Inspektion über den Unterricht und das Leben der Schule. Diese beiden Forderungen beziehen sich auch auf die Seminarien und Präparandenanstalten, aus denen die Lehrer der Volksschule hervorgehen, sowie — nach den Verhältnissen modifiziert — auf alle anderen höheren Unterrichtsanstalten.“

Und in den Windthorstschen Schulanträgen von 1890 war verlangt worden, daß in das Amt des Volksschullehrers nur Personen berufen werden dürfen, gegen welche die kirchliche Behörde in kirchlich-religiöser Hinsicht keine Einwendung gemacht hat. Beide Parteien verlangen demnach die Schule für die Kirche und wollen sie dem Staate aus den Händen winden, der sie mühselig erworben und aufgebaut hat. Die evangelischen Orthodoxen verwerfen die Staatsschule, die ihnen immer zu viel Weltliches und immer zu wenig Kirchliches enthalten wird. Sie sind mit Abneigung gegen die weltliche Staatsmacht erfüllt, die notgedrungen von modernem Geiste getragen sein muß, wenn sie sich oben halten will. Die Ultramontanen mißgönnen und verargen dem Staate die Staatsschule wie jedes Machtmittel, weil nach ihrer Auffassung hoch über dem Staate, der nur als ein irdisches Reich des Leibes geschätzt wird, die Kirche als das von Gott gestiftete Reich des Geistes steht. Der römische Klerus sieht im Staate nur eine niedere Laienordnung und in der Staatsschule eine höchst unzureichendes Mittel, das Hauptziel des gemeinsamen Lebens: die ewige Seligkeit zu erreichen, denn diese ist nicht durch menschliche Tugend, durch Leitung und Einfluß des Staates, sondern nur durch göttliche Leitung und Herrschaft, welche den Priestern anvertraut ist, zu gewinnen. Somit handeln Orthodoxie und Ultramontanismus völlig konsequent, wenn sie die Kirchenschule verlangen und in der Konfessionsschule, in der kirchlicher Geist alle Unterrichtsfächer und Verwaltung durchdringt, nur die Vorfrucht der Kirchenschule sehen und die Simultanschule ablehnen, weil in ihr den weltlichen Schulinteressen und den modernen Staatsbedürfnissen mehr Genüge geschieht als in der Konfessions- oder gar in der Kirchenschule. Unser Staatswesen, das mitten in die wirtschaftlichen Kämpfe um den Weltmarkt gestellt ist, das einem jährlichen Geburtenüberschuß von 800000 Menschen Erwerb und Nahrung garantieren soll, das den Organisations- und Interessenkämpfen gegenüber eine ungeteilte und ungeschwächte Kraft für sich beanspruchen muß, kann nur eine Bevölkerung brauchen, die seine Geschicke nicht in die Hände der Priesterschaft legt, eine Bevölkerung, die den Wahlspruch vertritt: Hilf dir selbst, so hilft dir Gott, und die den für den sozialen

Ausgleich erforderlichen Geist christlicher Liebe mehr aus der Ethik Jesus als aus der Dogmatik seiner angemaßten Stellvertreterschaft schöpft.

In den jüngsten Kämpfen ist das verwirrende Schlagwort aufgetaucht: in praxi sei die Simultanschule heute weit mehr dem Einfluß der Ultramontanen unterstellt, als die Konfessionsschule, die sich freier geben und entwickeln könnte, als die ewig kontrollierte Simultanschule. Wer also liberal wäre, keine konfessionellen Gegensätze, kein klerikales Spioniersystem und keine Kämpfe wollte, der müßte für die Konfessionsschule sein und nicht umgekehrt. Da hätten wir also die bekannte Antithesis, deren Wert noch zu prüfen ist. Auf dem Gebiete des Deutschen und des Realienunterrichtes, so sagen die Vertreter dieser Theorie, u. a. Erich Foerster in seinen übrigens vortrefflich klaren und instruktiven „Zwölf Thesen zum Schulantrag", werden die Lesebücher und Realienbücher in den Schulen und Seminaren fortgesetzt von scharfen katholischen Augen auf geistige Kontrebande untersucht. Wo sich etwas für ein katholisches Gemüt Anstößiges findet, wo in der Geschichtserzählung, in der Naturkunde, in der Literaturstunde der Vortrag des Lehrers allzu freie Bahnen aufsucht, da wird mit sanfter Gewalt oder grober Beschwerde, auf amtlichem diskreten Wege oder mit Spektakel in der Presse der Lehrer auf den rechten Pfad der unanstößigen Tugend zurückgeführt. Foerster bemerkt: „Es erfordert sicherlich von dem Lehrer viel mehr Vorsicht, seinen Unterricht nach zwei Seiten untadelig zu gestalten, als nach einer. Und man bedenke doch dabei, wie empfindlich heutzutage die katholische Kirche ist, wie sie die Nennung Luthers, Gustav Adolfs, Bismarcks perhorreszíert, wie sie jedes Schulfest an einem Freitag als Beleidigung empfindet zc.“ Das ist gewiß für viele Orte richtig beobachtet, beschränkt sich übrigens nicht auf die Volksschulen, ist vielmehr, wenn nicht im verstärkten Maße auf den zahlreichen simultanen Gymnasien und Realschulen ebenfalls zu finden. Die Beobachter nach der Art Försters schließen: das ist nun mal so und daran ist bei der Macht des Zentrums und bei der Gleichgültigkeit der evangelischen Eltern und Schulväter nichts zu ändern. Diesem klerikalen Drucke muß man nachgeben, die Katholiken denken nun einmal völlig anders als die Evangelischen über Autorität und Freiheit, Religion und Kirche; sie haben eine ganz andere, eigene katholische Anschauung von der Natur, von der menschlichen Gesellschaft, von Staat, Kunst, Geschichte, Erziehung und setzt man dem die nationale Auffassung vom Staate und seinen Erziehungs- und Bildungsmitteln, die liberale Weltanschauung entgegen — dann haben wir den Kulturkampf. Wenn die Dinge so liegen, wie sie geschildert werden, und sie liegen an vielen Orten so, dann werden wir wohl bei aller Friedensliebe um den Kulturkampf, der uns auf Schritt und Tritt aufgedrängt wird, nicht herumkommen und es kann sich nur darum handeln, ihm mutig entgegenzusehen und mittlerweile die Waffen zu schärfen. Wollen wir gegen diese geschilderte ultramontane Weltanschauung ohne weiteres die Waffen strecken, dann gute Nacht deutsche Kultur und nationaler Fortschritt, dann haben die verpönten Männer Luther und Bismarck umsonst gelebt und gekämpft.

Auch das ist von Foerster und anderen gut beobachtet, daß die evangelischen und liberalen Eltern konfessionelle Übergriffe von der andern Seite in der Schule viel zu leicht nehmen. Meist erfahren sie ja nichts davon, weil sie ihre Kinder nicht als Aufpasser und Spione erziehen; wenn sie aber davon hören, dann meinen sie, das weht der Wind schon wieder fort, oder sie schweigen aus politischen oder geschäftlichen Gründen, so daß also gegen die ultramontanen Einflüsse jedes Gegengewicht, jede Gegenströmung vonseiten der Eltern fehlt. Auch das des Staates, denn entweder ist die Schulaufsicht kirchlich, dann geht sie mit den Klerikalen Hand in Hand und der Lehrer, der nach der Ansicht der Hochkirchlichen auf falschem Wege ertappt ist, kann sich gratulieren, wenn er darauf beharrt. Oder sie ist unabhängig in pädagogischer und konfessioneller Beziehung, dann ist sie abhängig in politischer Hinsicht; es ist heute gefährlich, das Zentrum und seine Anhänger zu Feinden zu haben, man ist empört, aber man ballt die Faust im Sack. Das ist ungefährlich und schadet der Karriere nichts. So spitzt sich diese Seite der Angelegenheit, die wir durchaus nicht verstecken, vielmehr als bedeutend genug ansehen, zu der Frage zu: Wie lange will der preußische Staat seinen Beamten- und Lehrkörper desorganisieren und ruinieren lassen, zu kopfhängerischen und resignierten Opportunisten aufziehen, die ihren Frieden mit Rom gemacht haben, dieweil er im Kampfe mit allerhand Staatsfeinden energische und wetterfeste Beamte braucht? Doch nie und nimmer kann sich die Lage so entwickeln, daß der Staat still und gedrückt den Kampfplatz, die aus finanziellen und schultechnischen Gründen unvermeidliche, aus kulturellen und politischen Rücksichten unentbehrliche Simultanschule verläßt. Wo also in diesen Gewissens- und Staatskämpfen grundsätzlich die Stelle des nationalen Liberalismus ist, ob bei der Simultanschule oder bei der Konfessionsschule, darüber sollte meines Erachtens ein Zweifel kaum noch bestehen. Aus pädagogischen, finanztechnischen und politischen Gründen muß er jede Zurückdrängung der Simultanschule bekämpfen und jede Förderung des paritätischen Schulsystems erstreben und dankbar begrüßen.

Die einklassige und naturgemäß entsprechend der Stellung des Lehrers konfessionell gerichtete Schule wird freilich auf dem platten Lande schwer zu überwinden und stets in großer, wenn nicht überwiegender Zahl vorhanden sein. Daß sie auch hier nicht dem engen Geist des Konfessionalismus oder dem Kirchentum Roms und der Orthodoxie verfällt, dafür können wir den deutschen Lehrerstand sorgen lassen, wenn wir ihn nur erst von der erdrückenden geistlichen Schulaufsicht befreit und ihm den erforderlichen Schutz „von oben" gegeben haben werden. Die Stadtschulen, die mehrklassigen Volksschulen, wovon es in Preußen (1901) zweiklassige 3976 mit 487830 Schülern, drei- bis achtklassige 11292 mit 3809598 Schülern gab, müssen in Zukunft einen uneingeschränkt paritätischen Charakter tragen und sie müssen bei der Anstellung und Verwendung von Lehrern mehr die geistige und sittliche erzieherische und bildende Kraft, als den Religionsstempel der kirchlichen Oberen zu schätzen Gelegenheit und die Freiheit haben. Nur so kann ein kampftüchtiges und aufrechtes Geschlecht aus unseren Volksschulen hervorgehen.

Es treffen bei dem Schulproblem pädagogische und politische Gründe in ausreichendem Maße zusammen, um die Simultanschule nicht ins Austragstübel zu schicken, und namentlich wer das Wort der Maria Theresia: „Die Schule ist ein Politikum" aus der Geschichte und Literatur voll begreifen gelernt hat, wird in dem Festhalten an der Simultanschule keinen pädagogischen und historischen Eigensinn erblicken, keine unstaatsmännische Eigenbrödelei, sondern darin eine notwendige Schutzwehr gegen Verkirchlichung und Versimpelung unserer Volksbildung, gegen klerikale und orthodoxe Übergriffe erkennen, ein liberales und nationales Prinzip, das nicht bei parlamentarischen do-ut-des-Geschäften drauf gehen darf.

III.

Die Lösung.

Sehen wir jetzt vom Pädagogischen, Finanz- und allgemein Politischen im Schulkompromiß ab, so bleibt noch eine taktische Seite des Schulantrages zu beleuchten, die sich nach meiner Ansicht leider ebenfalls als ein Fehlgriff der liberalen Teilnehmer am Kompromiß herausstellt. Ja, man kann es vielleicht als einen Hauptfehler des Kompromisses bezeichnen, daß es ein Schulgesetz provoziert, das über den Rahmen eines Schulunterhaltungsgesetzes hinausgeht. Die Dinge hatten im östlichen Preußen eine solche Gestalt angenommen, daß eine anderweitige Regelung der Schulunterhaltung eigentlich nicht mehr hinauszuschieben war, jetzt verquickte die Partei der ostelbischen Großgrundbesitzer unter Zustimmung der Nationalliberalen die finanztechnische und kommunalpraktische Frage mit der Frage der Konfessionalität, mit kirchlichen Interessen, und flugs ist der Konflikt da: die Großgrundbesitzer können den besonders unter den mangelhaften Zuständen leidenden Bauern sagen, es sind die Liberalen, die eine Neuordnung verhindern, und die Liberalen können sich aus dieser Lage nur befreien, indem sie vor dem konfessionellen Geßlerhut ihre Reverenz machen und die Simultanschule preisgeben. Kommt nun nichts zustande, so hat der Konservatismus seine Seele gerettet und die Großgrundbesitzer vor neuen Schulsteuern bewahrt. Frömmigkeit und Interessenpolitik haben sich wieder einmal gefunden und gut vertragen.

Wie sind denn eigentlich die tatsächlichen Bedürfnisse und was müßte der Staat ohne Aufschub in Angriff nehmen? Die Mißstände, welche zu einer allgemeinen Neuregelung der Schulunterhaltungspflicht drängen, liegen hauptsächlich im Geltungsbereiche des Allgemeinen Landrechts. Sie äußern sich bei aller Vielgestaltigkeit in Einzelheiten nach der Wirkung ziemlich einheitlich in höchst veralteten und von den andern als drückend empfundenen Privilegien wirtschaftlich und sozial ausgezeichneter Persönlichkeiten und Gesellschaften. Das Allg. Landrecht sagt im Teil II Titel 12 § 29—38, daß, wo keine Stiftungen für die gemeinen Schulen vorhanden sind, den sämtlichen Hausvätern des Ortes die Unterhaltung der Lehrer obliegt, wozu ausdrücklich der Gutsherr nicht gehört, und zwar sollen die Beiträge — Geld und Naturalien — nach Verhältnis von Besitz und Nahrungen, wir sagen nach Vermögen und Einkommen der einzelnen, aufgebracht werden. Gutsherrschaften auf dem Lande sollen nur dann unterstützend einspringen, wenn die „Untertanen" unter den Hausvätern unvermögend sind. So viel von der Unterhaltung der Lehrer. Die Unterhaltung der Schulgebäude und Schulmeisterwohnungen ist nach dem Allg. Landrecht von allen zu einer solchen Schule gehörenden Einwohnern zu tragen. In den Städten sollen die Magistrate, auf dem Lande die Gutsherrschaften beim Bauen und bei den Reparaturen der Schulgebäude insofern helfend eingreifen, daß sie die auf dem Gute oder dem Stadteigentum (wo die Schule sich befindet) gewachsenen oder gewonnenen Materialien unentgeltlich verabfolgen müssen, und auch nur soweit solche hinreichend vorhanden und zum Bau notwendig sind.

Hiernach ruht de facto, wo diese und verwandte Bestimmungen Gültigkeit haben, die eigentliche Schullast auf den Hausvätern der Gemeinden, auf den Schulsozietäten. Die Schullast ist keine Kommunallast. Nach der Statistik vom 28. Juni 1901 bestanden in Preußen 36 756 öffentliche Volksschulen, die ihren Sitz an 29 293 Gemeinden hatten, zur Unterhaltung dieser Schulen bestanden 31 002 Schulverbände. Hiervon waren 17 592 politische Gemeinden und solche Schulgemeinden, in denen die Schullasten auf die Gemeindekasse übernommen waren. 13 225 Verbände dagegen waren Hausvätersozietäten, von denen 13 761 Schulen mit 21 969 Stellen unterhalten wurden. Über 42 Prozent aller Schulverbände waren also Hausvätersozietäten. Die erwähnten Verpflichtungen der Gutsherren sind nun nach und nach gegenstandslos geworden. Die Schulbauten werden meist massiv aufgeführt, so daß der Gutsherr, falls er Waldungen besitzt, nicht allzu viel zuzusteuern braucht; besitzt er keine Waldungen, so braucht er auch kein Bauholz zu liefern und seine Beteiligung am Schulbau beschränkt sich auf die Lieferung von Stroh, Lehm, Sand, Feldsteinen, also von Dingen, die auf dem Lande keine Kostbarkeiten darstellen. Auch die Notunterstützung, zu der der Gutsherr unter Umständen verpflichtet sein sollte, ist seit dem Jahre 1886 fortgefallen, da der Staat, um den ewigen Mißhelligkeiten ein Ende zu bereiten, diese Beiträge auf Staatsfonds übernommen hat. Dabei haben die Gutsherren, obwohl sie so gut wie nichts zu den Schullasten beitragen, das Schulpatronat, womit das Recht der Lehreranstellung verbunden ist, meist nicht verloren; in den östlichen Provinzen gibt es noch rund 12000 solcher merkwürdig platonisch begründeter Schulpatronate. Man kann es verstehen, daß diese Zustände von den bäuerlichen Gemeinden als unberechtigte Privilegien empfunden werden.

Jedoch auch andere Berufsgruppen erfreuen sich hier unbilliger Bevorzugung. Die Schulsteuerfreiheit der Forensen — der Aktiengesellschaften, Fabrikanlagen, Steinbrüche und sonstiger industrieller Unternehmungen, die sich mitunter mit zahlreichen Arbeitern und deren Familien und Kindern im Gebiete von Landgemeinden niedergelassen haben, ohne daß die auswärts wohnenden Unternehmer zu den Schullasten herangezogen werden können — haben ebenfalls zu Klagen mancherlei Art Anlaß gegeben.

Freilich sind schon jetzt die politischen Gemeinden befugt, den Schulsozietäten die Schullasten abzunehmen und diese Lasten in Kommunallasten zu verwandeln, die von allen, auch von den Forensen und Gutsherren getragen werden müssen. Aber hiervon hat man vielfach in den Städten, sehr wenig aber in den Landgemeinden Gebrauch gemacht und so ist es denn auf dem Lande keine Seltenheit, daß die Kinder aus dem Gutsbezirk die Mehrzahl in der Schule bilden, und daß doch die Landgemeinde ohne den Gutsbezirk die ganze Zeche, die nicht vom Staate gedeckte Schullast, bezahlen muß. Selbst wenn der Gutsherr Bauerngüter ankauft, braucht er für diese keine Schulabgaben zu leisten.

Diese Rechtsungleichheit führt einerseits zu einer Überspannung der Leistungen des bäuerlichen Elementes, andererseits zu einer besonders starken Anspannung der Finanzmittel des Staates in den östlichen Provinzen. Die staatlichen Aufwendungen für die öffentlichen Volksschulen machen vom Gesamtbetrage aus in den Provinzen:

Ostpreußen	49,45	Prozent
Westpreußen	43,84	„
Pommern	43,66	„
Posen	52,26	„

Dagegen in den westlichen Provinzen:

Hannover	29,75	Prozent
Westfalen	19,04	„
Rheinland	19,94	„
Hessen-Nassau	23,89	„

Die „Preußische Lehrerzeitung“ gab ferner eine Zusammenstellung von 14 posenschen Gemeinden, in denen der Zuschlag zur Gemeindesteuer für die Schule in 6 Fällen 40—80 Prozent, in 5 Fällen 100—150 Prozent, in je 1 Fall 187, 200 und 250 Prozent betrug, und das bei sehr hohen Staatszuschüssen! In allen diesen Gemeinden

(Kiersk, Pawlowice, Hotnik, Miroslaw usw.) war der Gutsbesitzer und Schutzpatron von allen Schulabgaben frei!

Anders wieder liegen die Verhältnisse in Schlesien; hier verteilt sich in zusammengesetzten Schulbezirken die Schullast folgendermaßen: Von den baren Schulsteuern entfällt ein Drittel auf den Gutsherrn, zwei Drittel auf die Grundbesitzer der Gemeinde. Nach demselben Maßstabe wird das Feuerungsmaterial für Schule und Lehrer zwischen Gut und Gemeinde verteilt. Zu dem Getreidedeputat steuern das Gut und die Grundbesitzer der Gemeinde nach dem Grundsteuerreinertrage ihrer Äcker bei. Diese Bestimmungen haben in den industriellen und bergbaulichen Distrikten mit rasch wachsender Bevölkerung und entsprechend steigenden Schullasten zu einer schweren Belastung des gesamten Grundbesitzes, des großen und des kleinen, der Gutsbezirke und der Bauern geführt.

So ist also eine einheitliche Regelung der Schulunterhaltungspflicht sicherlich eine dringende Aufgabe der preußischen Politik, nicht nur um den Pflichtenteil für Gemeinde, Gutsbezirke und Forensen sachgemäß zu bestimmen, sondern um auch einheitlich die Staatszuschüsse festzulegen. Hierbei sind allerdings vorher die Privilegien der Gutsherren und Patrone zu beseitigen, denn sonst werden die östlichen Schulen einigermaßen leistungsfähig gemacht und leistungsfähig erhalten mit den Steuererträgnissen des Westens, ohne daß der ostelbische Großgrundbesitz aus dem süßen finanziellen Nichtstun seines großmächtigen Patronats aufgescheucht wird. Das ganze Kulturniveau des Ostens wird durch diese prähistorischen

Zustände unserer heutigen Schulunterhaltung unter Null herabgedrückt; es wird an den Schulbauten gespart und geknausert, daß es schon nicht mehr schön ist, und es werden den Lehrern die gesetzlich zulässig niedrigsten Gehälter gegeben. Alles das hat dann die Landflucht der Lehrer und andere Mängel im Schulwesen des Ostens naturgemäß zur Folge und hilft den bedauerlichen Gegensatz zwischen Osten und Westen der preußischen Monarchie verewigen.

*

Und nun, während man sich noch in allen Ecken und Enden über die richtige Verteilung der stetig wachsenden Schullasten streitet, kommen die Klerikal-Konservativen — unterstützt von den Nationalliberalen — mit Anträgen, welche auf eine erhebliche Verstärkung der Schulausgaben hinzielen, nämlich auf die möglichst durchgreifende Ausbildung der Konfessionsschule, bei der einer ziffernmäßig bestimmten Minderheit das Recht zustehen soll, eine besondere Schule zu verlangen und zu erhalten. Nach dem Entwurfe des Grafen Zedlitz konnte der Regierungspräsident eine besondere Volksschule bei Zustimmung der Gemeinde errichten, wenn die Zahl der Kinder der anderen Konfession über 30 stieg; die Schule mußte errichtet werden, wenn die Zahl über 60 kam. Der Kompromißantrag nennt nun keine bestimmte Zahl, sondern spricht nur von einer „angemessenen Höhe", unter der man sich, wenn man prinzipiell für die Konfessionsschule ist, auch in aller Seelenruhe die Ziffern des Grafen Zedlitz vorstellen kann. Es fehlen ja leider die finanzstatistischen Nachweise darüber, wie viel neue Schulen nach dieser Konfessionsbegünstigung in Preußen errichtet werden müßten und wie sie Staat und Gemeinden belasten würden. Daß aber einige Millionen mehr erforderlich sind, wenn man nach dem Antrage Hackenberg verfahren wollte, darüber ist kein Zweifel. Dazu werden diese Millionen für kulturwidrige Zwecke verlangt. Den alten Schulsozietäten will man sie natürlich nicht zumuten, es ist der Staat und die politische Gemeinde, die die Mittel hergeben sollen zur Durchführung des konfessionellen Prinzips in der Volksschule. Noch um einen Schritt resoluter sind die Abgeordneten Arendt von den Freikonservativen und Graf Kanitz von den Konservativen, welche selbstverständlich unter Wahrung aller kirchlichen und konfessionellen Kautelen die Volksschule zur reinen Staatsschule machen wollen, d. h. nur soweit, daß der Staat die gesamten Schullasten trägt und diese Lasten auf alle Staatsangehörige als Zuschläge zu den Einkommensteuern umlegt, im übrigen aber in der Schule die Kirche schalten und walten läßt, damit sie den Staat von den Sozialdemokraten rettet. Erst dann läßt sich in der Tat die Konfessionsschule ohne Schranken und ohne Finanzkalamitäten für die Gemeinde, Hausväter, Gutsbezirke ꝛc. durchführen; es geht dann alles auf Generalunkosten und die Kirche sitzt alsbald behäbig im Staatsröhricht und schneidet sich nach Herzenslust ihre Pfeifen.

Mag man nun auch um die „angemessene Höhe" der Schülerzahl, welche zu einer besonderen Volksschule ausreicht und nötigt, sich auf dem Wege der parlamentarischen Kämpfe verständigen und mögen dabei auch die Liberalen ein paar Schüler mehr herausschlagen als der Zedlitzsche Entwurf angab. Immer sind bei solchen mechanischen Abmessungen die simultanen Schulgebilde der Städte, soweit sie sich noch unter der Ungunst der Verhältnisse gehalten haben, gefährdet und eine Weiterentwicklung der Simultanschule auf der Grundlage der Gleichberechtigung ist trotz aller Resolutionen ganz gewiß ausgeschlossen, denn sobald die „angemessene Höhe" erreicht ist, macht der von der hochkirchlichen Partei angeregte Regierungspräsident dem Simultanbetrieb ein Ende und tut die Konfessionsschule auf. Man hat also eine Weiterentwicklung der Simultanschule zu gewärtigen, die genau so weit reicht, als es die konfessionellen Bestrebungen unserer Tage zulassen. Das nenne ich keine Weiterentwicklung, sondern die Aussicht auf langsame aber sichere Erdrosselung.

Es gibt nach meiner Ansicht nur zwei Wege für den nationalen Liberalismus, um ein Volksschulunterhaltungsgesetz zustande zu bringen oder an solcher Gesetzgebung mitzuwirken. Entweder er begibt sich auf den Weg der Regelung einzelner Fragen des Volksunterrichtswesens durch Spezialgesetze zurück, auf dem das Schulaufsichtswesen, das Witwen- und Waisenkassenwesen, das Pensionskassenwesen, die Zuweisungen der Staatskasse an die Schulverbände zur Ablösung des Schulgeldes, die Bildung von Ruhegehaltskassen und das Lehrerbesoldungsgesetz durch Regierung und Landtag geregelt worden sind und weist alle Zumutungen, allgemeine Volksschulfragen mit der Volksschulunterhaltung zu verquicken, zurück als ein taktisches Manöver, die drängende Frage auf die lange Bank zu schieben. Dann fällt der Kompromißantrag ins Wasser und die Bahn ist frei für eine vernünftige Verteilung der Schullasten zwischen Staat und politischer Gemeinde. Einer anderen Ordnung der Angelegenheit, welche die Regierung und die Majoritätsparteien im Abgeordnetenhause belieben sollten, versagt alsdann der Liberalismus seine Mitwirkung und überläßt die Verantwortung für den sicher zu erwartenden Kulturkampf, für die Konfessionalisierung und Entnationalisierung der Volksschule der Regierung.

Oder aber der nationale Liberalismus geht auf dem einmal eingeschlagenen Weg des Schulkompromisses weiter und sieht nun seinerseits — da nun einmal eine Verquickung mit allgemeinen Schulfragen beliebt wird — von seinen liberalen Forderungen zugunsten der Volksschule durchzubringen, was ihm möglich ist. Will der Konservatismus tatsächlich aus der Umklammerung des Zentrums in der Schulfrage los — was allerdings nach seiner geschichtlichen Entwicklung unwahrscheinlich ist — so muß er schon einige Schritte mehr in der Richtung einer modernen und nationalen Auffassung der Volksbildung machen, als sie der bloße Verzicht auf die reine Verkirchlichung der Schule darstellen. Er muß zustimmen einer Beseitigung der geistlichen Lokalschulinspektion und muß sich an einer fachgemäßen

Ausbildung der Kreisschulinspektion*) beteiligen, an der auch der Volksschullehrerstand einem seiner Befähigung und Bedeutung entsprechenden Anteil in der Besetzung der Kreisschulinspektorstellen erhält. Die von der Staatsautorität durchdrungenen Konservativen hätten mit uns dafür einzutreten, daß der Staat den Lehrer gegen das Denunziantentum schützt und der Lehrer nicht wegen jeder individuellen Auffassung und frischen persönlichen Darstellung vor den hohen Rat der Klerisei geschleppt wird. Also vor allem Fachaufsicht statt Kirchenaufsicht.

Auch für die Lehrerbildungsfrage, die Erweiterung und Vertiefung der wissenschaftlichen Ausbildung der Volksschullehrer muß sich unsere offizielle Politik mehr interessieren. Es ist notwendig, daß das Lehrerseminar als höhere Lehranstalt anerkannt wird, dessen Abgangszeugnis zum Studium an der Universität berechtigt und daß an den Universitäten pädagogische Lehrstühle, verbunden mit Seminaren und Übungsschulen, errichtet werden. Diejenigen Volksschullehrer, welche Pädagogik studieren, sollen nach Beendigung ihres Studiums zu einer Abschlußprüfung zugelassenwerden; bestehen sie diese Prüfung, dann soll ihnen der Schulaufsichts- und Seminardienst mit den gleichen Rechten wie den rein akademisch gebildeten Berufen geöffnet werden.

*) Ein paar Zahlen zum Beweise dessen, wie wir auch in der Schulaufsicht verkirchlicht sind: Der preußische Kultusminister teilte mit einer gewissen Genugtuung mit, daß 1890 nur 5766 katholische Schulen von Geistlichen als Ortsschulinspektoren beaufsichtigt seien, 1903 dagegen 7433. — In der preußischen Kreisschulaufsicht stehen 322 besoldeten weltlichen Inspektoren rund 700 geistliche gegenüber.

Ferner muß sich der Konservatismus damit einverstanden erklären, daß der preußische Volksschulplan so gestaltet wird, daß, wie es in dem Gothaischen Schulgesetz heißt, nichts gelehrt werden soll, was das Fassungsvermögen der Kinder übersteigt, daß nichts ihrem Gedächtnis eingeprägt werden soll, was nicht zum Verständnis der Kinder gebracht worden ist, mit andern Worten: daß eine vernünftige Ökonomie zwischen Wissenschaft und Religion obwaltet. Und schließlich muß er mit die Garantien bestellen helfen, daß auch tatsächlich die Simultanschule in der ganzen preußischen Monarchie, nicht nur im polnischen Sprachgebiete und in Hessen-Nassau, sich weiter entwickeln kann, er muß also z. B. für die Zusammenlegung nicht leistungsfähiger Konfessionsschulen zu leistungsfähigeren Simultanschulen eintreten. Das läßt sich dadurch gesetzlich bewerkstelligen, daß grundsätzlich die Gemeinden selbst zu entscheiden haben, ob sie eine Konfessionsschule oder eine Simultanschule wollen, und daß die Aufsichtsbehörde nur in der Richtung einschreiten darf, daß eine Zusammenlegung zweier Simultanschulen zu erfolgen hat, wenn die Schülerzahl der getrennten konfessionellen Schulen jede für sich eine „angemessene Höhe" nicht erreicht und wenn die finanziellen Aufwendungen der getrennten Schulen ein bestimmtes Maß überschreiten, oder schließlich wenn andere Erkennungszeichen vorliegen, welche die Leistungsunfähigkeit der Konfessionsschule dartun. Wo bei einer angemessenen Schülerzahl eine Konfessionsschule verlangt wird, müßte dies mit finanziellen Opfern für die konfessionellen Hausväter verbunden sein, derart, daß da die Hausvätersozietät wieder ins Leben zu treten hätte und mit einem erheblichen Anteil an den Schullasten zu bedenken wäre. In den Schulen, in denen Lehrer zur Erteilung des Religionsunterrichts für konfessionelle Minderheiten angestellt sind, müßte das konfessionelle Prinzip im Interesse der Leistungsfähigkeit der Schule auch noch insoweit durchbrochen werden, daß der Religionslehrer nicht nur voll beschäftigt werden darf, wie der Kompromißantrag vorschlägt, sondern auch als Klassenlehrer verwendet werden kann.

Mit einem Worte: dem Religiösen soll sein charakterbildender Einfluß in der Volksschule in dem Umfange gewahrt bleiben, daß darunter die Leistungsfähigkeit der Volksschule nicht leidet, und der Simultanschule ist die volle Bewegungs- und Entwicklungsfreiheit zu gewährleisten, damit unsere Volksschule in den Städten und auf dem Lande so leistungsfähig wird, wie es unser nationales Kulturprogramm in Deutschland und in der Welt verlangt. Nebenbei soll auch der nationale Liberalismus die politische Seite in der Schulfrage nicht so überaus gering veranschlagen. Er soll auch hier für sich selbst nach dem Rechten sehen, damit er nicht der schlechtbesoldete Mietsoldat des Konservatismus ist und bleibt, von dem der Heermeister im zweiten Teil des „Faust" sagt:

„Der Mietsoldat wird ungeduldig,
Mit Ungestüm verlangt er seinen Lohn,
Und wären wir ihm nichts mehr schuldig,
Er liefe ganz und gar davon."

Darum dem Liberalismus die Schule und der Schule mehr Liberalismus!

FSC
www.fsc.org
MIX
Papier | Fördert gute Waldnutzung
FSC® C083411

Kolibri 360 GmbH
Ferdinand-Jühlke-Straße 7
99095 Erfurt, Deutschland
produktsicherheit@kolibri360.de